0・1・2歳児がよろこぶ

かわいいペープサート

阿部 恵 著

チャイルド本社

はじめに

だれもが遊べるやさしい教材

　ペープサートは、紙の人形がお芝居をしたり、絵の変化で子どもたちを楽しませてくれる教材です。紙でできた人形を絵人形と呼びます。表と裏に絵が描いてあり、真ん中に持ち手が入っているだけ。特別のしかけはありません。

　子どもたちの目の前で、絵人形をクルリと動かしてみてください。子どもたちの目が輝きます。

　こんなに素朴な教材を、どうして子どもたちは喜んでくれるのでしょう。それは、素朴ならではのあたたかさがあるからだと思っています。難しいものにはないやさしさです。

愛情をこめて楽しむのがコツ

　子どもとペープサートを楽しむコツは、絵人形を手にしたら、自分の顔の前に絵人形を出し、子どもたちへの思いを、表情と絵人形を持った指先に込めて、"クルリ"と回転させることです。

　保育者の思いのこもらない教材では、子どもたちの心はつかめません。愛情をこめて作って、愛情をこめて生かしましょう。あなたの思いは、手作りのペープサートを介して、必ず子どもたちに伝わりますよ。

阿部 恵

この本の特長

0・1・2歳児が楽しめる シンプルなペープサート！

クルリと変化する基本の動きを中心に、0・1・2歳児が楽しめるシンプルなペープサートを集めました。子どもたちと言葉のやりとりをしながら、あてっこ遊びやごっこ遊び、歌などを楽しめる作品がいっぱいです。

クルリ！

バラエティ豊かな絵人形とバリエーション

シルエットのはっきりした食べ物や、親しみやすい動物など、0・1・2歳児の興味に合った、やさしい絵人形がそろっています。定番の画用紙の絵人形に加え、うちわや段ボールを利用したり、折り紙の作品をそのままペープサートにしたり……、素材も形や大きさも変化に富んだ絵人形がいっぱいです。また、基本の絵人形と演じ方に加え、それぞれのシアターに、バリエーションも用意しました。巻末に型紙もついています。

「ポイント」と「ふれあいアドバイス」

演じ方のポイントになる部分は、「ここがポイント」で、より具体的に楽しみ方を説明しています。また作品ごとに「ふれあいアドバイス」を設けています。動作や言葉かけのヒントなどにご活用ください。

CONTENTS

はじめに……2
この本の特長……3
0・1・2歳児のペープサート
楽しみ方のポイント……6
演じ方　基本のポイント……7

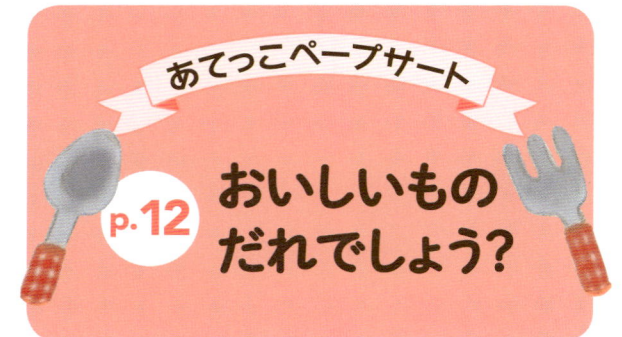

あてっこペープサート
p.8　あわぷくぷくぷく

くるくるペープサート
p.20　かき氷やさん、くださいな！

あてっこペープサート
p.12　おいしいものだれでしょう？

うちわペープサート
p.24　どこですか

巻き込みペープサート
p.16　おはながわらった

折り紙ペープサート
p.28　ぞうさん・あひるさんとおともだち

パレードペープサート
p.32 だいすき！のりものパレード

おめでとうペープサート
p.36 チューリップさんとおめでとう！

おはなしペープサート
p.40 3びきのこぶた

絵人形の作り方 …… 46

型紙ページ
あわぷく ぷくぷく …… 49
おいしいもの だれでしょう？ …… 54
おはながわらった …… 59
かき氷やさん、くださいな！ …… 60
どこですか …… 61
ぞうさん・あひるさんとおともだち …… 65
だいすき！ のりものパレード …… 66
チューリップさんとおめでとう！ …… 72
3びきのこぶた …… 77

0・1・2歳児のペープサート 楽しみ方のポイント

ポイント1　子どもたちの興味に合わせて遊びましょう

0・1・2歳児の子どもたちと触れ合うときは、子どもたちに合わせることを第一に考えてください。

ペープサートは絵人形さえあれば、いつでもどこでも手軽にできます。子どもたちの興味に合わせて、場面によっては一人ひとりの子どもと向き合って、遊びましょう。「もういっかいね」「パンダちゃん、いたー」「うれしいね」などと、一人ひとりに語りかけながら、保育者も一緒に楽しみます。

ポイント2　心からほめて認めてあげましょう

「おおあたり！」「できた！」「じょうず！」。こんな言葉かけは、子どもたちに自信ややる気をもたせます。

子どもたちは興味をもつと、必ず自分もやってみたくなります。「かして！」が子どもたちから出てきたら、「先生にも見せて！」「お迎えのとき、お母さんにも見せてあげようね」といった言葉かけもできます。

何よりも、「見て！」「できた！」という、子どもたちの生き生きとした言動が期待できますね。大いに認めてあげましょう。

ポイント3　安全を確保して楽しみましょう

どんな良いことでも、安全に楽しめなくては価値がありません。絵人形を子どもたちが手にするときは、手渡すタイミングを見計らい、保育者の目の届くところで遊ぶようにしましょう。

絵人形の取り合い、絵人形を持ったまま友達に手が出てしまう、絵人形を持ったままの転倒など……、あらゆる危険を予測し、安全を確保しながら楽しく遊びましょう。

演じ方 基本のポイント

絵人形の動かし方

● **絵人形の持ち方**
親指と人さし指、中指で軽く持ち、操作します。

● **会話**
2つの絵人形を両手に持ち、会話をしているように演じる場合は、話しているほうを少しだけ動かし、聞いているほうは動かしません。両方を動かしてしまうと、どちらが話しているのか、わかりにくくなります。

● **表裏の反転**
親指で持ち手を半回転させると裏面が出ます。逆に回転させると元の絵になります。このすばやい変化がペープサートの特長です。

● **歩行**
絵人形の持ち手下部を前方に移動させ、続けて、上部を前方へと移動させます。これを連続的におこなうと歩いているように演じられます。

● **登場・退場**
舞台を使う場合、絵人形は、舞台の端から、スーッと出し入れします。

舞台の置き方

● **舞台の高さ**
子どもたちの目線の高さを考え見やすい位置に設定します。

● **舞台の位置と準備**
舞台をテーブルにのせる場合は、手前に絵人形を置くスペースを取り、絵人形を登場順にそろえておきましょう。

あてっこペープサート

あわぷく ぷくぷく

あれあれ？ あわぷくの中にいるのはだあれ？
シャワーでシャーって流したら……

♪あわぷく♪
　♪ぷくぷく

1

パンダ（表）を出して

あら、だれかが
お風呂に入っている
みたい。
せっけんで体を
洗っていますよ。いいにおい。
ぷくぷくぷくと、あわもいっぱい。

♪あわぷく　ぷくぷく　あわぷく　ぷー
　だあれかな

さあ、だれでしょう？

☺「パンダさん！」「くまさん！」

♪あわぷく　ぷー
　だあれかな♪

2 シャワーで水を流す
動作をしながら
♪シャワーでシャー

「くるっ―ん!」

3 反転させて
♪あら パンダさん

かわいい
パンダさんでした。
くまさんにもにていたね。
パンダさん、シャワーを
あびて気もちがいいって
言ってますよ。

♪あら パンダさん♪

2回め

1 うさぎ(表)を出して
こんどはだれかな?

♪あわぷく　ぷくぷく
　あわぷく　ぷー　だあれかな

だれかなー?

😊「うさぎさん！」「うさぎさん！」

うさぎさんかな……？

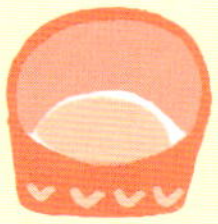

2 シャワーで水を流す動作をしながら
♪シャワーでシャー

みんなもシャワーをかけるの、
手伝ってあげてね。

> **ここが ポイント**
> 「♪シャワーでシャー」の部分を「シャワーでシャー、シャシャシャー」と繰り返すと楽しいですよ。

「くるりーん！」

3 反転させて
♪あら　うさぎさん

お耳の長いうさぎさんでした。
さっぱりしたんだって。よかったね。

バリエーションで楽しもう

♪だあれかな ♪あら ぶたさん 
「あててくれてありがとう」だって。

♪だあれかな ♪あら ねこさん 
「おともだちになろうね」だって。

♪だあれかな ♪あら ぞうさん 
「ながーいお鼻のぞうだぞう」だって。

「きれいになっていいきもち」よかったね。

ふれあい♡アドバイス

子どもたちの年齢や興味のもち方に合わせて、シャワーをかける動作に参加を促したり、バリエーションのように、裏返してからの動物の言葉に変化をもたせてみましょう。

何回も遊んで慣れてきたら、歌もいっしょにうたうと楽しいですね。

あわぷく ぷくぷく

阿部 恵／作詞・作曲

♩=84くらい

あわぷくぷくぷく あわぷくぷー だあれかな
（だあれかな） シャワーでシャー（シャシャシャー）（くるりーん）あらパンダさん

あてっこペープサート

おいしいもの だれでしょう?

おいしい影はだれでしょう? 子どもたちの問いかけにペープサートが答える楽しいあそびです。

1

りんご(影)を出して

ここにとってもおいしそうな
かげがありますよ。
だれのかげかな?

やさしく語りかけるように

♪かげさん かげさん
おいしいものの かげさん
あなたは いったい
だれでしょう

丸くて、いいにおいがしますよ。
さあ、だれでしょう?

♪あなたは いったい だれでしょう♪

2

😊「りんご！」

子どもたちの反応を受けて

りんごかな？　聞いてみましょう。

😊「あなたは
　　だれですか？」

3

ゆっくり反転させて

♪はーい　りんごです

丸いかげは、
りんごさんでした。

♪はーい
りんごです♪

4

せりふに合わせて動作をしながら

皮をむいて切りました。
フォークにさして、
みんなで食べましょう。

食べる動作をしながら

サクッ、サクサクサク……。
おいしいね。

ここがポイント　子どもたちが見てわかるように動作（皮をむく・切る・フォークでさす）を入れながら語りかけます。

2回め

1　バナナ(影)を出して

今度はだれのかげかな?

♪かげさん　かげさん
　おいしいものの　かげさん
　あなたは　いったい　だれでしょう

細長くて、皮を手でむいて食べますよ。
おさるさんも大好き。さあ、だれだ?

バナナ!

2　😊「バナナ!」

子どもたちの反応を受けて

バナナかな?
「あなたはだれですか?」と聞いてみましょう。

😊「あなたはだれですか?」

3　ゆっくり反転させて

♪はーい　バナナです

細長いかげは
バナナさんでした。

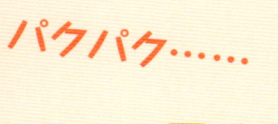

パクパク……

4　みんなで、皮をむいて食べましょう。

バナナの皮をむく動作をして

いただきまーす。

食べる動作をしながら

パクパクパクパク……。
甘くておいしいね。

おいしいね!

バリエーションで楽しもう

- まあるいつぶつぶ たくさんです
- ♪はーい ぶどうです
- やわらかいまるが 3つです
- ♪はーい おだんごです
- ぎゅっぎゅっとにぎって つくります
- ♪はーい おむすびです

なんの おむすびかな？

ふれあい♥アドバイス

- 年齢を考慮しながら、それぞれに楽しいヒントで語りかけてみましょう。
- おいしいものを食べるしぐさをしてみましょう。手で持ったり、フォークを使ったりと、いろいろな食べ方をしてみるのも楽しいですね。

おいしいもののかげさん

阿部 恵／作詞　佐藤千賀子／作曲

♩=76くらい

かげさん　かげさん　おいしいものの　かげさん
あなたはいったい　だれでしょう　はーいりんごです

巻き込みペープサート

おはながわらった

かわいいお花がつぎつぎと笑います。元気にうたいましょう。
子どもたちは保育者の手元にくぎづけです。

1番

1 ♪おはなが わらった♪

1面を出して
♪おはなが わらった

2 2面を出して
♪おはなが わらった

導入のことばかけ

1面のチューリップを出して

楽しそうに笑っているチューリップさんがいますね。みんなで「チューリップさん、こんにちは」とごあいさつをしましょう。

😊「チューリップさん、こんにちは!」

チューリップになって

「○○組さん、こんにちは!
ねえ、みんなで『おはながわらった』のお歌をうたってくれますか?

😊「いいよ!」

みんなうたえるよね。
『おはながわらった』をみんなでうたいましょう。

♪ おはなが わらった ♪

3 | 3面を出して
♪おはなが わらった

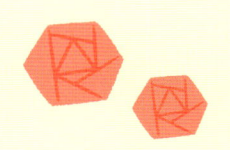

4 | 4面を出して
♪おはなが わらった

5 | ゆっくり左右に揺らしながら
♪みんな わらった
いちどに わらった

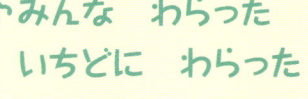

ここがポイント 1番をうたい終わったら、間奏をハミングしながら、4面・3面・2面と巻き込んで元の形に戻します。その間、子どもたちはお花になって揺れていても楽しいですね。

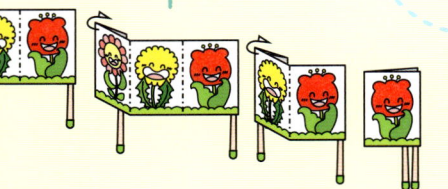

2番

1 戻した1面を見せ、1番と同様に繰り返す。
♪おはな わらった

♪おはなが わらった♪

2 ♪おはなが わらった

3 ♪おはなが わらった

4 ♪おはなが わらった

5 ゆっくり左右に揺らしながら
♪みんな わらった
右手を離し、左手の持ち手を右に持ち替え、左手で反対の持ち手をつかんで、絵人形を反転させる。

♪みんな わらった♪

6 反転させた絵人形を左右に揺らしながら
♪げんきに わらった

お花さんたち、みんな、元気に笑っていますね。
○○組さんもお花さんたちに負けないくらいに
元気に笑いましょう。ニコニコニコ…。

ふれあい♥アドバイス

ゆっくりうたいながら、一場面一場面、ていねいにお花を出していきます。ペープサートを持った保育者の表情も大切です。「楽しいね。うれしいね」という気持ちで演じましょう。

おはながわらった

保富 庚午／作詞　湕山 昭／作曲

♩=74 たのしく きれいに

1. おはながわらった おはながわらった
2. おはながわらった おはながわらった

おはながわらった おはながわらった
おはながわらった おはながわらった

みーんな わらった いちどに わらった
みーんな わらった げんきに わらった

くるくるペープサート

かき氷やさん、ください な！

保育者がかき氷やさんに変身。魔法のシロップをかけると、大好きなかき氷のできあがり。

1

裏が赤のかき氷（表）を出して

> 先生は今日、かき氷やさんです。
> ここに、かき氷のお山が
> ありますよ。この冷たいお山に
> 好きなシロップを
> かけてもらって食べるんだよね。
> みんなはどんな
> シロップが好きかな…？

いろいろな声を受け止めながら

> いちごのシロップが好きなおともだち？

2

たくさん手があがりました。
それではみんなで「くださいな！」と
言ってください。

😀「くださいな！」

3

はい。それでは
魔法のいちごシロップを
かけますよ。

シロップをかける動作をする。

とろーり……
さあ、かけました。

4

絵人形の持ち手を両手のひらに
はさんで、前後に
こすり合わせながら

クルクルクルクル……。
おいしくなあれ、
おいしくなあれ……
いちご味のかき氷のできあがり！

5

かき氷を回転させながら
子どもたちにさし出して

いちご味のかき氷、はい、
スプーンでめしあがれ。

ペープサート：裏面

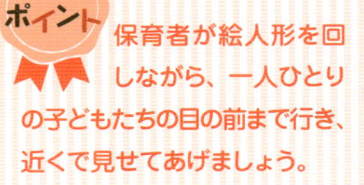

ここがポイント
保育者が絵人形を回しながら、一人ひとりの子どもたちの目の前まで行き、近くで見せてあげましょう。

2回め

1 裏が緑のかき氷（表）を出して

今度は何味のかき氷が食べたいですか？

子どもたちの反応を受けて

メロンのシロップが好きなおともだち？

くださいな！

2 また、たくさん手があがりました。
それではみんなで「くださいな！」と
言ってください。

😊「くださいな！」

3 はい。それでは魔法の
メロンシロップを
かけますよ。

シロップをかける動作をする。

とろーり……
さあ、かけました。

とろーり

4 絵人形の持ち手を
両手のひらにはさんで、
前後にこすり合わせながら

クルクルクルクル……。
おいしくなあれ、
おいしくなあれ……
今度はメロン味の
かき氷のできあがり！

どうぞ

5 かき氷を回転させながら

はい、どうぞ、めしあがれ。

食べている子どもたちによびかけて

おいしい？

😊「おいしい！」「つめたい！」

おいしかったね。ごちそうさまでした。
かき氷はおいしいけれど、
たくさん食べすぎるとおなかが
冷えてしまうから、今日はこれでおしまい。

できあがり！

バリエーションで楽しもう

レモンシロップをかけますよ

グレープシロップをかけますよ

オレンジシロップをかけますよ

今度は
どのかき氷を
食べたい?

ふれあい♡アドバイス

- 保育者はエプロンに三角巾などで、かき氷やさんを演出しても良いでしょう。

- 子どもたちも絵人形をクルクルと回して遊べます。「かして!」の期待に応えてあげてください。

うちわペープサート

どこですか

うちわを使ったペープサート。うさぎさんのお耳は
どこですか？ と、動物の顔のパーツを当てて遊びます。

♪うさぎさんの おみみは♪
どこですか

1 うさぎ（表）を出して

○○ちゃん、うさぎさんが
いますよ。かわいいね。

♪○○ちゃん ○○ちゃん
うさぎさんの おみみは どこですか

○○ちゃん、
うさぎさんのお耳はどこですか？

おみみは……
ここ！

2 😊「ここ！」

子どもが耳を指さしたら

よくわかったね。
○○ちゃん、おおあたり！

3 保育者もうさぎの耳を指さして

♪ここです　ここです
　ここ　おみみ

ここ、うさぎさんのお耳です。
ながーくて、かわいいお耳だね。

4 おおあたりの○○ちゃん、

うさぎの絵人形を反転させて

♪うさぎさんと　はい　タッチ

絵人形を子どもに近づけ、子どもの手で
うさぎの手にタッチ。

♪うさぎさんと
♪　　はい　タッチ♪

2回目

1 うさぎ(表)を出して
さあ、今度はどこかな？

♪○○ちゃん ○○ちゃん
うさぎさんの おめめは
どこですか

○○ちゃん、うさぎさんの
おめめはどこですか？

2 😊「ここ！」
子どもが目を指さしたら
○○ちゃん、
できたね。

ここ

3 うさぎの目を指さして
♪ここです ここです
ここ おめめ

4 絵人形を反転させて
♪うさぎさんと はい タッチ
うさぎの手と子どもの手でタッチ。

ここが ポイント 最初は目・鼻・耳・口のわかりやすい部位を。慣れてきたら、おでこやほっぺ・あごなども入れて遊びましょう。

バリエーションで楽しもう

♪くまさんの ぼうしは どこですか　　はい、タッチ！

♪ねこさんの すずは どこですか　　はい、タッチ！

♪ぶたさんの ボタンは どこですか　　はい、タッチ！

顔の部位で楽しんだら、帽子、鈴、ボタンなどもさがして遊びましょう。

ふれあい♥アドバイス

- 「〇〇ちゃんのお耳はどこですか？」「先生のお耳はここ！」と、自分の顔で教え合っても楽しいですよ。
- 「先生も〇〇ちゃんとタッチしたいな」と、保育者ともタッチすると、より楽しくなりますね。

どこですか

阿部 恵／作詞　佐藤千賀子／作曲

♩=96くらい

〇〇ちゃん　〇〇ちゃん　うさぎさんの おみみは どこですか

ここです ここです ここおみみ　うさぎさんと はいタッチ

折り紙ペープサート

ぞうさん・あひるさんと おともだち

かんたん折り紙で作ったペープサートです。ぞうさんやあひるさんの歌をうたったり、保育室に飾ったりして楽しみましょう。

ぞうさん

準備	折り紙で作品を折り、割りばしをつけてペープサートにします。（折り方→48ページ）	粘土の入った粘土ケースに色画用紙の草や葉を貼ります。ぞうさんは草原、あひるさんは2つ並べた粘土ケースの片方を青などにして、池を作ると楽しいでしょう。

1 今日は○○組さんに、すてきな動物さんが遊びにきてくれました。
お鼻を揺らしながらパオー、パオー、パオー。
みんなの大好きな動物さんです。だれでしょう?

😀「ぞうさん!」

ぞうさんかな? みんなで「ぞうさーん!」と、呼んでみましょう。

😀「ぞうさーん!」

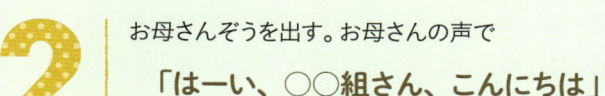

パオー パオー

2 お母さんぞうを出す。お母さんの声で

「はーい、○○組さん、こんにちは」

子ぞうを出す。子ぞうの声で

「はーい、こんにちは」

お母さんぞうと子どものぞうさんがやってきましたよ。
みんなで「こんにちは」のごあいさつをしましょう。

😀「こんにちは!」

3 お母さんぞうと子ぞうをケースの粘土にさして

じょうずにごあいさつできました。
あのね、お母さんぞうと子ぞうさん、
今日からしばらくの間、○○組さんにいて、
みんなが元気に遊ぶのを
見ていてくれるんだって。うれしいね。
そうだ、みんなで『ぞうさん』の歌を
うたってあげましょう。

ピアノの上や机の上などに置き、『ぞうさん』をうたう。

♪ぞうさん ぞうさん おはなが ながいのね
　そうよ かあさんも ながいのよ

『ぞうさん』(まど・みちお/作詞　團 伊玖磨/作曲)

あひるさん

> **ここがポイント**
> 1か月ほど作品を飾って楽しんだあと、「今までみんなといっしょだったぞうさんは、おうちに帰ることになりました。みんなで『さようなら』のごあいさつをしましょう」など、お別れをします。そして「明日から、また新しいおともだちが来てくれますよ」と期待感を演出しましょう。

1
○○組さん、昨日ぞうさんたちとお別れしたんだよね。
今日からまた新しいおともだちがきてくれました。
ガアガア、ガアガアと、お池で泳いでいます。
さあ、だれでしょう？

😊「あひるさん！」

あひるさんかな？　みんなで「あひるさーん！」と、呼んでみましょう。

😊「あひるさーん！」

ガアガア
ガアガア

2
お母さんあひると子どものあひるを1羽出しながら
　あひるさんがきましたよー！
お母さんあひるの声で
　「はーい、○○組さん、こんにちは」
子どものあひるの声で
　「はーい、こんにちは」
お母さんあひると、子どものあひるをケースの粘土にさし、あと2羽、子どものあひるを出す。
　「はーい、こんにちは」
　「はーい、こんにちは」

きましたよー！

3 あひるをすべて粘土にさし、子どものあひるを指さしながら

わあ、お母さんあひると、
子どものあひるが、
いち、にぃ、さん、こんなにたくさん、
きてくれました。
みんなで「こんにちは」の
ごあいさつをしましょう。

😊「こんにちは！」

4 じょうずにごあいさつできました。
あひるさんたち、○○組さんにいて、
みんなが元気に遊ぶのを
見ていてくれるんだって。
みんなで『あひるのぎょうれつ』の歌を
うたいましょう。

ピアノの上や机の上などに置き、『あひるのぎょうれつ』をうたう。

ふれあい♥アドバイス

- 子どもたちが折り紙に興味をもったら、折ってプレゼントしてあげましょう。また、折り方をクラスだよりなどで家庭にお知らせしても良いでしょう。

- ペープサートは決まった場所に置いておき、毎日の保育に取り入れると楽しいでしょう。月ごとに折り紙の作品を変えたら、子どもたちの心待ちのクラスイベントになりますね。

あひるのぎょうれつ

小林純一／作詞　中田喜直／作曲

♩=60　よちよちと

1. あひる の ぎょうれつ よ ちょ ちょ ち　かあ さん あひる が よ ちょ ちょ ち
2. あひる の みず あび すい すい すい　かあ さん あひる が すい すい すい

（あひるが鳴くように）

あ と から ひ よこ が よ ちょ ちょ ち　いけ まで よ ちょ ち が あ が あ が あ
あ と から ひ よこ が すい すい すい　か るそう に すい すい い が あ が あ が あ

パレードペープサート

だいすき！のりものパレード

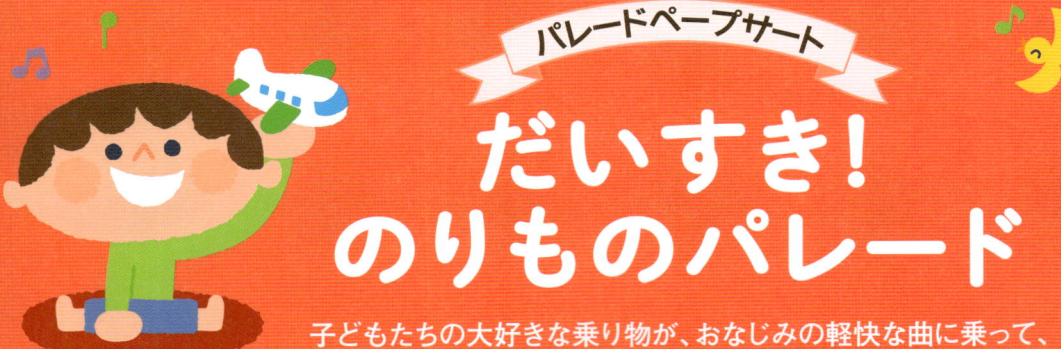

子どもたちの大好きな乗り物が、おなじみの軽快な曲に乗って、優雅に華やかにパレード。子どもたちも大喜びです。

準備

テーブルなどを舞台にし、色画用紙や布を貼ったウレタンブロックや箱など、目隠しになるものを上手と下手に置きます。

絵人形は、下手の箱の後ろに、登場順にならべて用意しておきます。

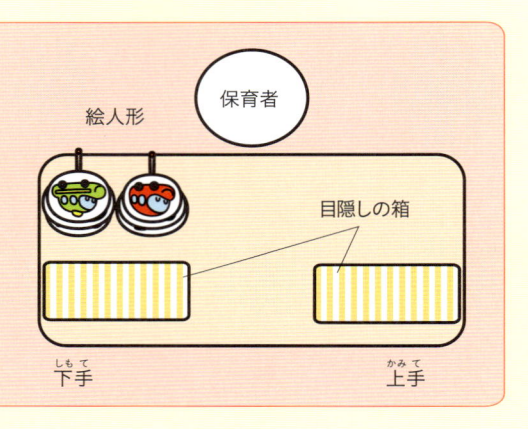

1

今日は楽しい乗り物さんの
パレードです。
どんな乗り物が出てくるかな。

手拍子をしながら

さあ、音楽がなったら
手をたたいて応援してくださいね。

『ミッキーマウス・マーチ』など軽快な音楽をかけて手拍子を促す。

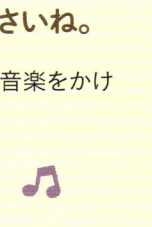

パチパチ　パチパチ

2

右手にタクシー、左手に車を持ち、
下手から上手にリズムに乗せて行進させる。

最初は
かわいい車さんと
タクシーさんです。

3

絵人形を上手の箱の後ろまで行進させて

Uターンです。出てくるかな……。

出てくるかな……

4

絵人形を反転させて、上手から下手に進む。

出てきました！　楽しいね。
Uターンして戻ってきましたよ。

出てきました！

5 絵人形を下手の箱の後ろに退場させ、次の乗り物に交代。
右手にバス、左手にトラックを持ち、下手から上手にリズムに乗せて行進させる。

　今度はバスとトラックです。

「バスとトラックです」

6 絵人形を上手の箱の後ろまで行進させて

　Uターンです。
　出てくるかな…出てくるかな……。

反転させて、上手から下手に進む。

　出てきました!

7 5と同様に次の乗り物に交代し、下手から上手へ進む。

　今度は船と飛行機です。

6と同様に上手で反転させて

　Uターンです。
　出てくるかな……。
　出てきました!

「船と飛行機です」

ここがポイント

リズムに乗せ、上下の動き、左右の動き、波のような動きなど、変化をつけて行進させます(→バリエーションで楽しもう)。飛行機は絵人形を高く上げるなど、乗り物に合わせた動きもくふうしましょう。

バリエーションで楽しもう

パレードする乗り物の動きに変化をつけましょう。

交互に上げたり、下げたり。

波のように、上がったり下がったり。

前進したり、バックしたり。

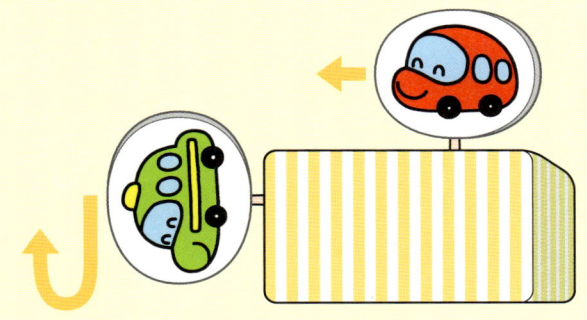

Uターンのとき、箱に沿わせて動かしたり。

ふれあい♥アドバイス

- 適当な長さで、2〜3回の繰り返しで楽しみましょう。子どもたちの反応を確かめながら進めます。 
- 子どもたちに絵人形を渡し、自由に動かして遊んでも楽しいでしょう。

おめでとうペープサート

チューリップさんと おめでとう！

段ボールの舞台にかわいいチューリップ。みんなでお誕生日をお祝いしましょう。（→舞台の作り方は47ページ）

1

段ボール舞台を出して

　今日は○○ちゃんのお誕生日のお祝いに、チューリップさんたちがきてくれましたよ。

赤・白・黄色のチューリップ（表）を順に出しながら、それぞれのチューリップの声で

　○○ちゃん、お誕生日おめでとう。
　○○ちゃん、お誕生日おめでとう。
　○○ちゃん、お誕生日おめでとう。

😊「どうもありがとう」

導入のことばかけ

誕生児を前に。
　○○組さん、今日は○○ちゃんのお誕生日です。みんなで「○○ちゃん、お誕生日おめでとう」とお祝いしましょう。

みんなで
　○○ちゃん、お誕生日おめでとう。
○○ちゃん
　どうもありがとう。

2 それでは○○ちゃんのお祝いに、チューリップさんたちといっしょに『チューリップ』の歌をうたってプレゼントしましょう。

段ボール舞台全体を少し左右に動かしながら

♪さいた さいた
　チューリップの はなが

3 赤・白・黄色を順に反転させながら

♪ならんだ ならんだ
　あか しろ きいろ

4 段ボール舞台全体を少し左右に動かしながら

♪どのはな みても きれいだな

おたんじょうび おめでとう！

『チューリップ』（近藤宮子・日本教育音楽協会／作詞　井上武士／作曲）

2回め

1 チューリップをすべて表に戻して

チューリップさんたちもうれしそうですね。
みんなで、もう一度うたいましょう。

段ボール舞台全体を少し左右に動かしながら

♪さいた さいた
　チューリップの はなが

2 赤・白・黄色を順に反転させながら

♪ならんだ ならんだ
　あか しろ
　きいろ

ここがポイント
舞台は動かしすぎないようにしましょう。動かないものが、少し動くのが効果的です。

3 段ボール舞台を両手で持ち、少し左右に動かしながら

♪どのはな みても
　きれいだな

4 みんなにお祝いしてもらって、
うれしいね。
○○ちゃん、何歳になりましたか?

😊「○さいです」

○○ちゃん、○歳のお誕生日
おめでとうございます!
お祝いの拍手をしましょう。
パチパチパチ……。

ここがポイント
拍手でお祝いされる誕生児が絵人形を持つのも、うれしいでしょう。

ふれあい♥アドバイス

- 保育者が誕生児にインタビューする時には、手作りのマイクを用意するとさらに盛り上がります。

- 「チューリップ」をうたう時には、かわいい動作を入れてうたっても楽しいでしょう。

バリエーションで楽しもう

舞台にチューリップの絵人形をならべる。裏に誕生児の写真を貼った絵人形を1つ用意して

今日は○○ちゃんのお誕生日。
○○ちゃんは、どのお花にかくれているかな?
どこかな……、
○○ちゃんの好きな黄色のお花かな?

1つずつ反転させて、誕生児の写真を出し

○○ちゃん、いたねー! おめでとう。

おはなしペープサート
3びきのこぶた

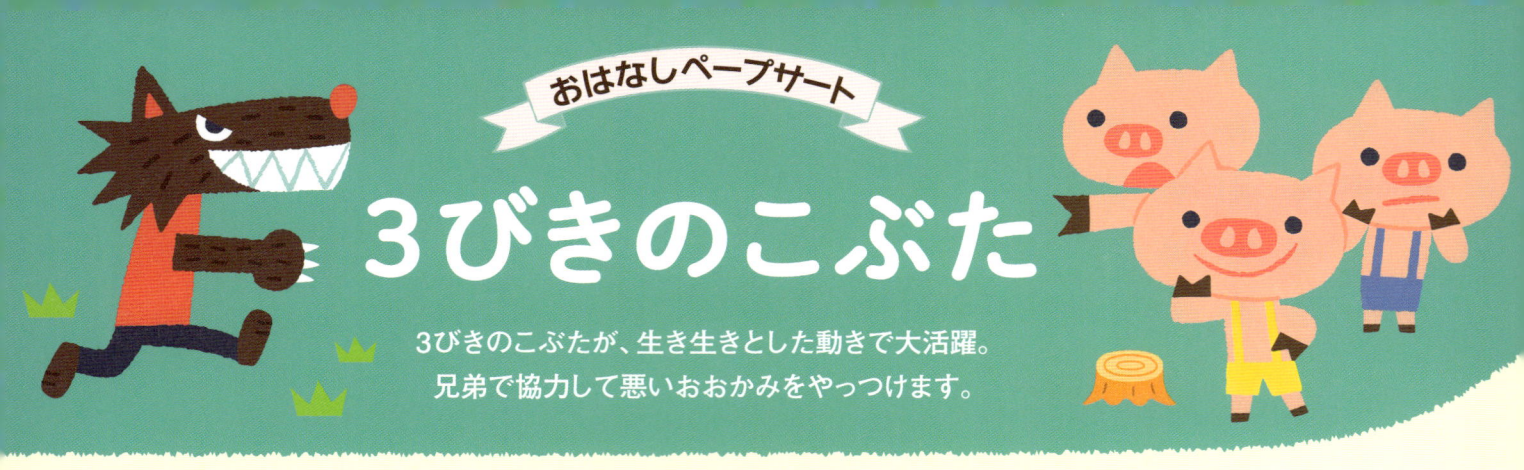

3びきのこぶたが、生き生きとした動きで大活躍。
兄弟で協力して悪いおおかみをやっつけます。

絵人形

表 / 裏 ちゅうくらいちゃん

表 / 裏 ちっちゃいちゃん

表 / 裏 おおきいちゃん

表 / 裏 おおかみ

わらの家

木の家

レンガの家

煙突

暖炉

準備

絵人形の数が多いので、絵人形を立てておけるように準備します。段ボールで目隠しの舞台を作り、その後ろに粘土ケースを置いて、絵人形をさします。

段ボールで目隠しになる舞台を作る / 絵人形をさす / 粘土ケース

こぶたたちをそれぞれ、家の後ろに入れる時には、粘土ケースに前後にさします。粘土をケースいっぱいに入れ、位置を調整できるようにすると、演じやすくなります。

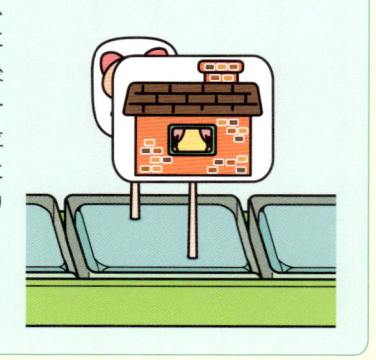

40

1

保育者
みなさん、楽しいお話の始まりですよ。あるところに、なかよし兄弟の3びきのこぶたが住んでいました。

おおきいちゃん（表）を出しながら

おおきいちゃん
ぼくは一番大きい、おおきいちゃん。赤いシャツがすてきでしょう。

2

おおきいちゃんを粘土にさし、ちゅうくらいちゃん（表）、ちっちゃいちゃん（表）を順に出しながら

ちゅうくらいちゃん
ぼくは真ん中のちゅうくらいちゃん。黄色いシャツがすてきでしょう。

ちっちゃいちゃん
ぼくは一番小さなちっちゃいちゃん。ピンクのシャツがすてきでしょう。

3

おおきいちゃん
ぼくたち家を作ることになったんだ。

わらの家を出しながら

ぼくが作ったのは、わらのおうち。

わらの家を粘土にさす。

ほら、かんたんにできたよ。

おおきいちゃんをわらの家の後ろにさし、反転させて、（裏）を出しておく。

4

木の家を出しながら

ちゅうくらいちゃん
　ぼくが作ったのは、木のおうち。

木の家を粘土にさす。

　あのね、木のいいにおいがするよ。

木の家の後ろにさし、
反転させて、（裏）を出しておく。

5

レンガの家を出しながら

ちっちゃいちゃん
　ぼくが作ったのは、
　レンガのおうち。

レンガの家を粘土にさす。

　時間がかかったけれど、
　とってもじょうぶだよ。

（表）のまま、レンガの家の後ろにさす。

6

おおかみ（表）を出して

おおかみ
　やっ、こぶたたちがあんなところに
　家を建てたぞ。
　しめしめ、3びきとも
　ぱくりと食べてやろう。
　最初に、わらの家を
　吹き飛ばしてやれ。

7

おおかみを少し後ろに下げ、
弾みをつけて吹く。

おおかみ
　せーの、ふ――！

わらの家をゆっくりと飛ばす。

保育者
　ひゅ――。

おおきいちゃん
　わー、家が飛んだー。
　おおかみだ！

8

おおきいちゃん
　逃げろ！
　ちゅうくらいちゃーん、助けてー。

おおきいちゃんを(裏)のまま、木の家の後ろにさす。

おおかみ
　ややっ、こぶたが1ぴき、木の家に逃げたぞ。
　今度は、木の家を吹き飛ばしてやれ。

9

7と同様におおかみを少し後ろに下げ、弾みをつけて吹く。

おおかみ
　せーの、ふ――！

同様に木の家をゆっくりと飛ばす。

保育者
　ひゅ――。

ちゅうくらいちゃん　おおきいちゃん
　わー、木の家が飛んだー。逃げろ！
　ちっちゃいちゃーん、助けてー。

おおきいちゃん・ちゅうくらいちゃんを、(裏)のまま
レンガの家の後ろにさす。

10

おおかみ
やややっ、今度はこぶたが2ひき、レンガの家に逃げたぞ。このレンガの家も吹き飛ばしてやれ。

同様におおかみを少し後ろに下げ、弾みをつけて吹く。

せーの、ふー！ あれ？ びくともしない。
もう1回。せーの、ふー！ ふー！ ふー！！
だめだ……。

おおかみを左右に動かしながら

なんて、じょうぶな家なんだろう。
せっかくこぶたがこの中に3びきもいるのに…。

煙突を出す。煙突を見つけて

あっ、あそこにえんとつが。
しめしめ、あそこから入ろう。

おおかみ、上手に退場。

せーの、ふー！

11

レンガの家をはずし、暖炉・おおきいちゃん（裏）・ちゅうくらいちゃん（裏）・ちっちゃいちゃん（表）を出しながら

保育者
そのころ、レンガのおうちの中では……。

おおきいちゃん
ちっちゃいちゃん、だいじょうぶかな。
おおかみが屋根の方を見ていたよ。

ちゅうくらいちゃん
暖炉のえんとつから入ってくるんじゃなーい？

ちっちゃいちゃん
だいじょうぶ……。ぼくにまかせておいて。

12

煙突を出して、屋根を登るようにおおかみを出す。

保育者
さあ、おおかみが
レンガのおうちの屋根を登ってきましたよ。

おおかみ
イッヒッヒー、3びきのこぶたをいただくとしよう。

おおかみをゆっくり落とす。

おおかみ
それ———！

13 保育者
ドボーン！ おおかみをなべに落とし、煙突をはずす。

14 おおかみ
アッチチチ～!! おおかみを反転させ、上手に逃げる。

15
ちっちゃいちゃんを反転させながら
ちっちゃいちゃん
やったー！

おおきいちゃん・ちゅうくらいちゃんを反転させ
おおきいちゃん
やったー。

ちゅうくらいちゃん
ちっちゃいちゃん、ありがとう。

ちっちゃいちゃん
うふ！ よかった。

保育者
それから3びきは、このレンガのおうちで楽しく暮らしたんだって。よかったね。

暖炉をはずし、絵人形を1つひとつはずしながら
バイバイ！
おしまい

バイバイ！

ふれあい♥アドバイス
・子どもたちに合わせて、繰り返しを楽しみながら演じましょう。おおかみを怖くしすぎず、いたずらなおおかみくらいの表現で良いでしょう。

・最後は、アンコールとして、おおきいちゃん・ちゅうくらいちゃん・ちっちゃいちゃん・おおかみを順に登場させて、拍手をしても盛り上がります。

絵人形の作り方

基本の絵人形
→8, 12, 20, 40ページ

画用紙に型紙をコピーし、ポスターカラー、水彩絵の具、全芯ソフト色鉛筆などで色を塗り、切り取る

パンダ（表）　　**パンダ（裏）の裏面**　　**パンダ（裏）**

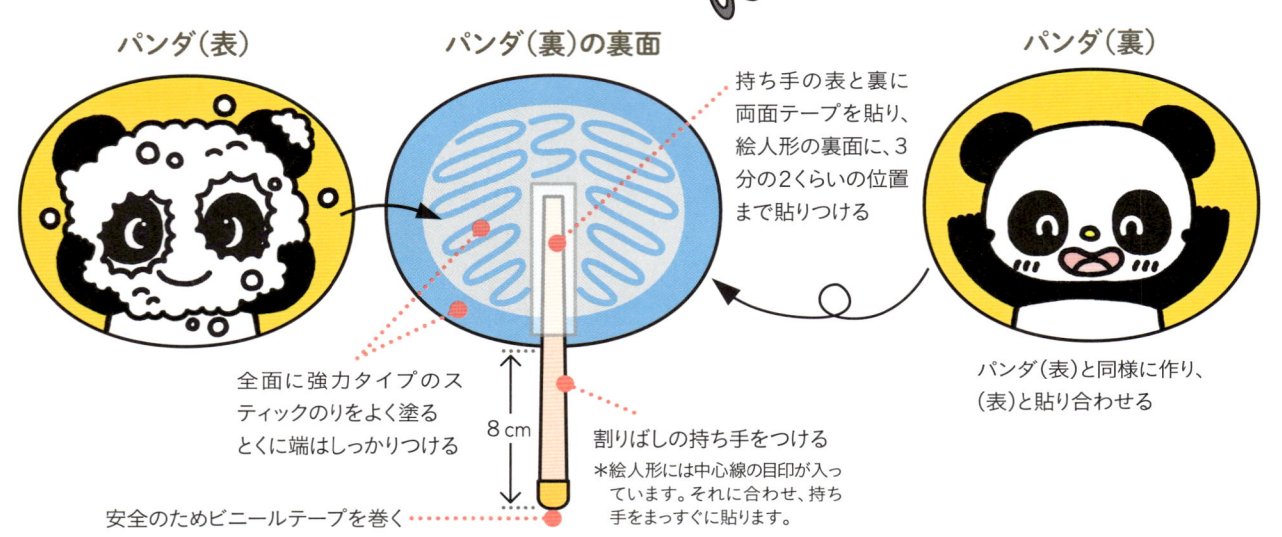

持ち手の表と裏に両面テープを貼り、絵人形の裏面に、3分の2くらいの位置まで貼りつける

全面に強力タイプのスティックのりをよく塗る とくに端はしっかりつける

安全のためビニールテープを巻く

8 cm

割りばしの持ち手をつける
＊絵人形には中心線の目印が入っています。それに合わせ、持ち手をまっすぐに貼ります。

パンダ（表）と同様に作り、（表）と貼り合わせる

うちわで作る
→24ページ

画用紙に型紙をコピーして、色を塗る うちわのサイズに合わせて切り取り、うちわの両面に、両面テープと強力スティックのりで貼る

うちわ

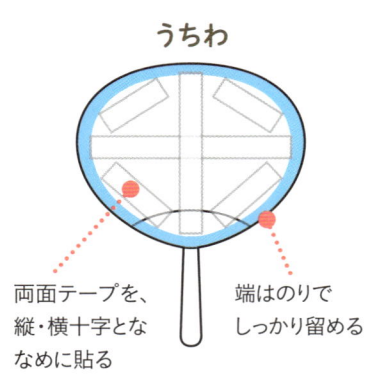

両面テープを、縦・横十字となめに貼る

端はのりでしっかり留める

段ボールで作る
→32, 36ページ

型紙をコピーして色を塗る

表　　**裏**

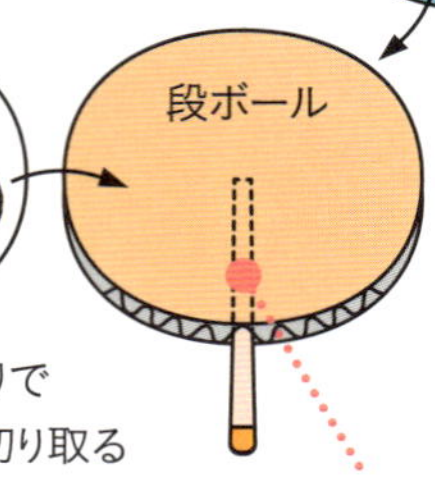

段ボール

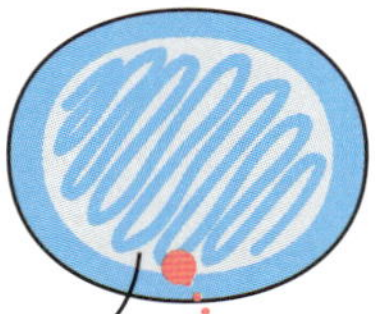

強力スティックのりで貼る

強力スティックのりで段ボールに貼り、切り取る
＊絵柄が段ボールの目に垂直になるように貼ります。

持ち手を段ボールの目にさす
＊中心線の目印に合わせてまっすぐにさします。

持ち手を作る

割りばしを割り、持ち手を作ります。

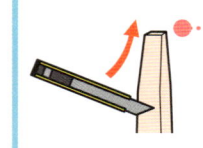

絵人形に入る部分は、紙が破れないように、カッターナイフで平らに削る。

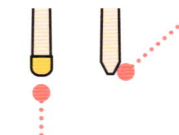

段ボールの舞台や粘土にさすものは、端を鉛筆削りで、ゆるく削る。

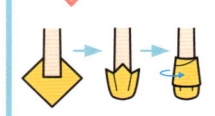

手で持って演じるものは、持ち手の端にビニールテープを巻く。

巻き込みペープサート →16ページ

表
山折り
裏
谷折り

型紙をコピーし、切り取って色を塗る

強力タイプのスティックのりで貼り合わせる

両面テープ

左右に持ち手をつける

持ち手

ビニールテープ

❶「のりしろ」部分全面に両面テープを貼る
❷ 持ち手を図の位置に置く
❸ 持ち手をはさむように貼り合わせる
❹ 持ち手の端にビニールテープを巻く

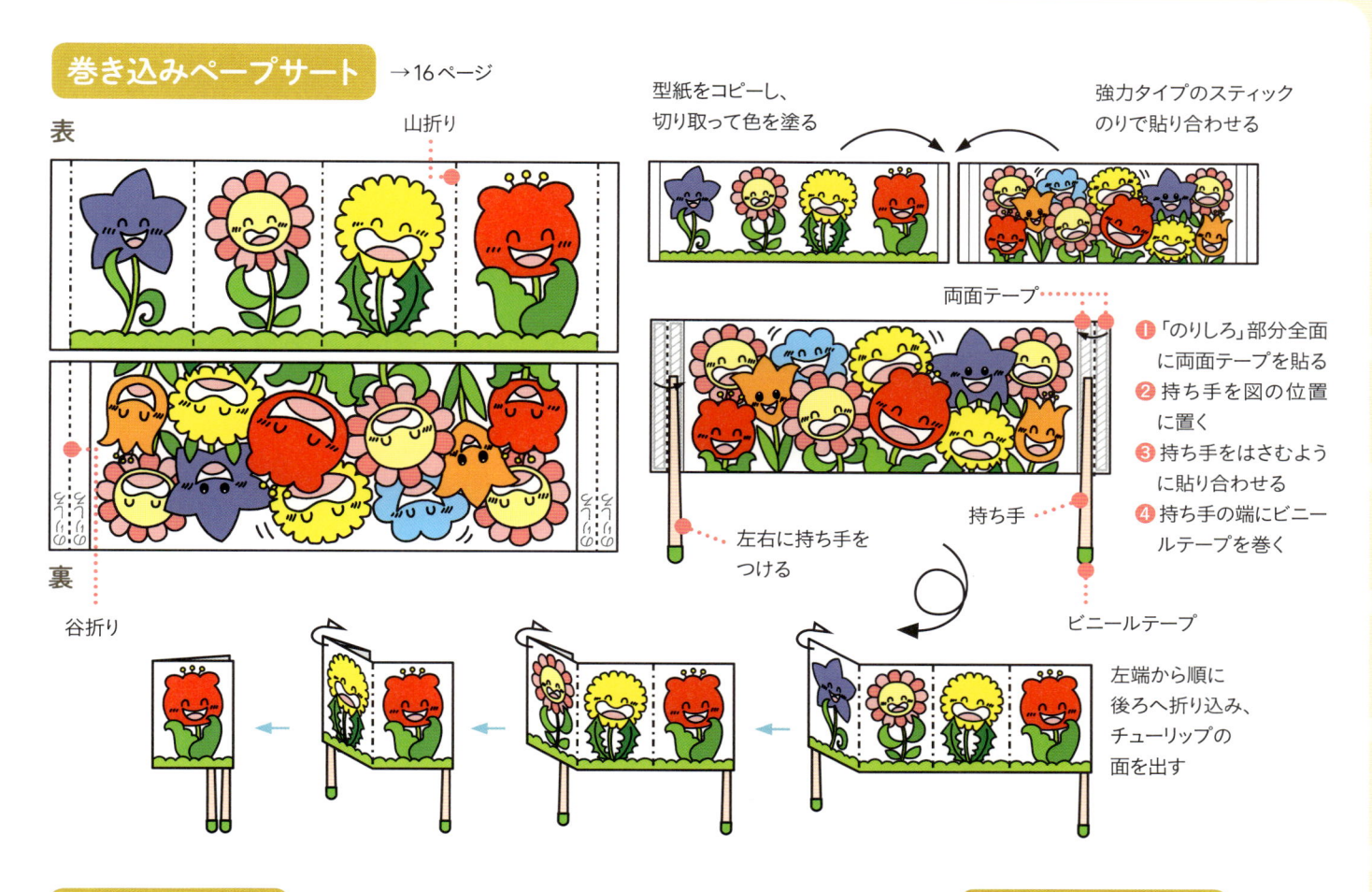

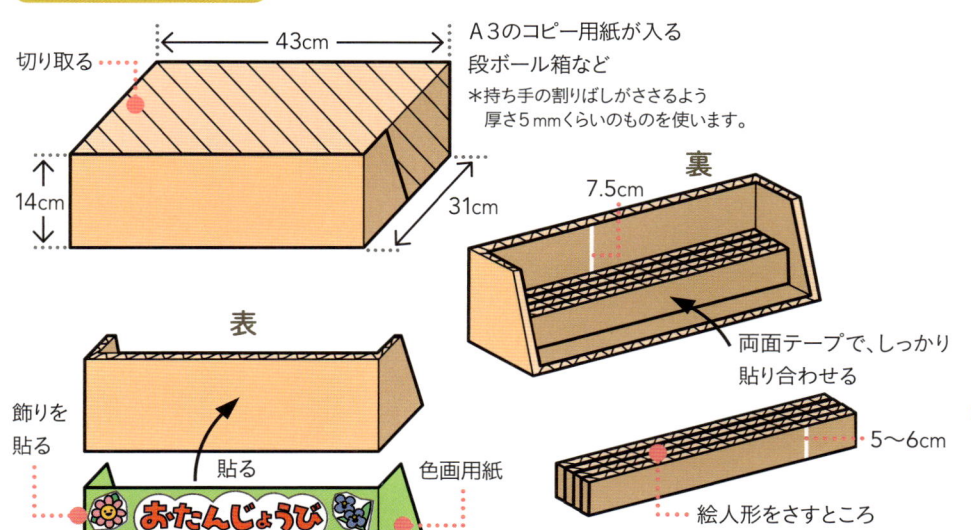

左端から順に後ろへ折り込み、チューリップの面を出す

段ボールの舞台 →36ページ

切り取る
43cm
14cm
31cm

A3のコピー用紙が入る段ボール箱など
＊持ち手の割りばしがささるよう厚さ5mmくらいのものを使います。

表
飾りを貼る
貼る
色画用紙
おたんじょうびおめでとう！

裏
7.5cm
両面テープで、しっかり貼り合わせる
5〜6cm
3〜4枚重ねる
絵人形をさすところ
＊目の方向を垂直にして、絵人形をさせるようにします。

粘土ケースの利用

→28, 40ページ

＊粘土ケースに粘土を入れて、絵人形をさします。ケース全面に粘土を入れ、場面に合わせて絵人形の位置を自由に動かせるようにします。

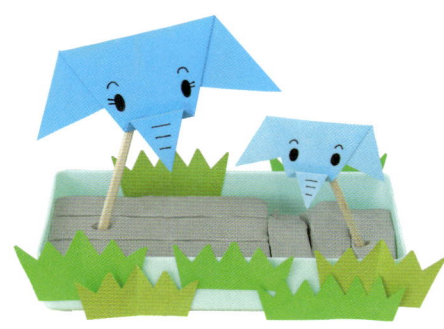

折り紙ペープサート

→28ページ

それぞれのサイズの折り紙で折って顔を描く

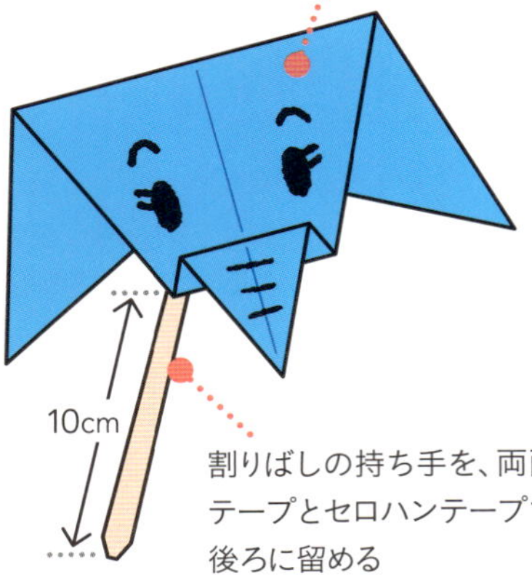

10cm

割りばしの持ち手を、両面テープとセロハンテープで後ろに留める
＊端は鉛筆削りで削ります。

ぞう（お母さんぞう 15cm角　子ぞう 10cm角）

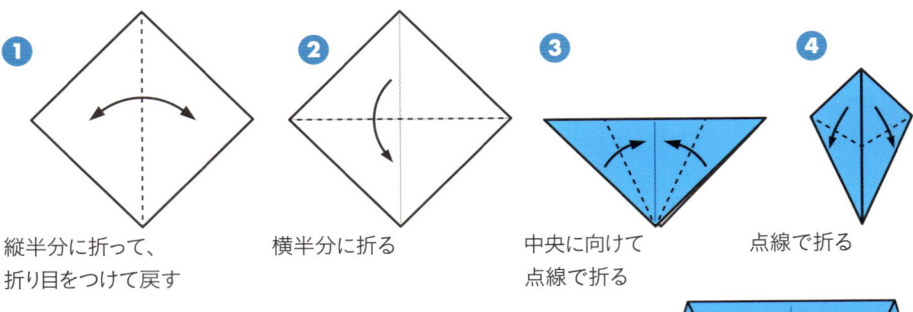

① 縦半分に折って、折り目をつけて戻す
② 横半分に折る
③ 中央に向けて点線で折る
④ 点線で折る
⑤ 裏返す
⑥ 点線で折る
⑦ 点線で折る
⑧ 顔を描いてできあがり

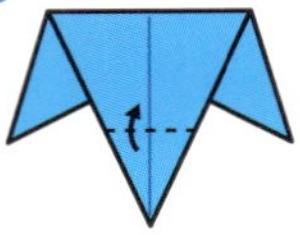

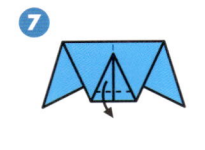

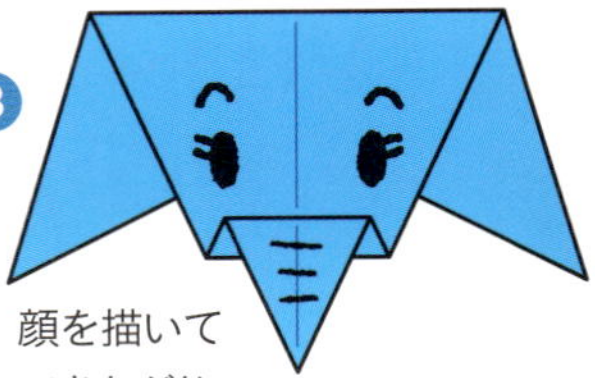

お母さんあひる（15cm角）

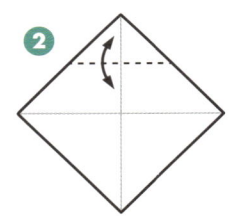

① 縦横半分に折って、折り目をつけて戻す
② 点線で折って、折り目をつけて戻す
③ 折り目に向けて点線で折る
④ 裏返す
⑤ 中央に向けて点線で折る
⑥ 点線で折る
⑦ 裏返す
⑧ 点線で内側に折る（山折り）
⑨ 点線で後ろに折る（山折り）
⑩ 顔を描いてできあがり

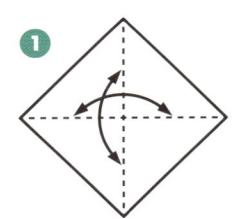

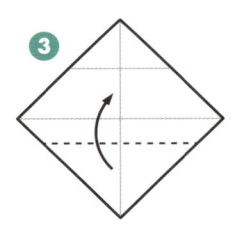

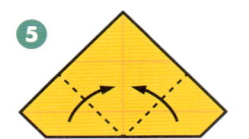

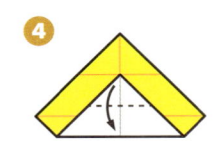

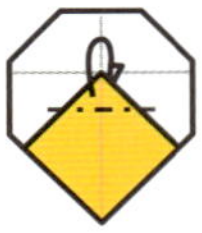

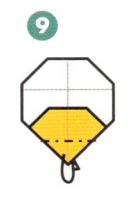

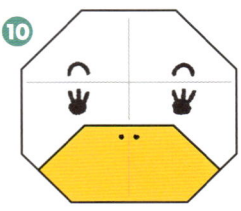

谷折り線 -----　山折り線 -・-・-

お母さんあひるのかお　作／新宮文明

子どものあひる（10cm角や7.5cm角）

① 縦横半分に折って、折り目をつけて戻す
② 点線で折って、折り目をつけて戻す
③ 折り目に向けて点線で折る
④ 点線で折る
⑤ 裏返す
⑥ 点線で折る
⑦ 点線で折る
⑧ 図の位置で点線で折る
⑨ 裏返す
⑩ 顔を描いてできあがり

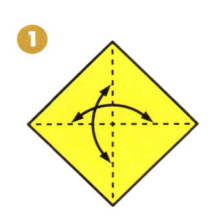

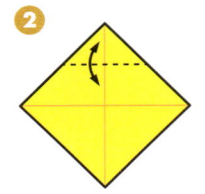

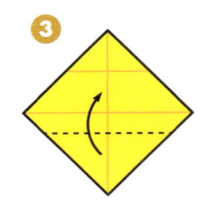

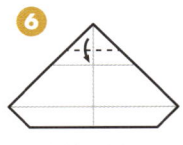

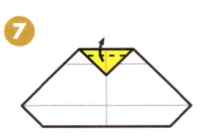

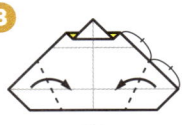

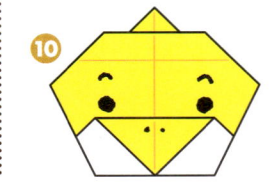

子どものあひるのかお　作／新宮文明

型紙ページ

それぞれの作品の型紙を掲載しています。
指定のサイズに拡大コピーし、色を塗って、お使いください。

あてっこペープサート

あわぷく ぷくぷく

(→演じ方8〜11ページ)

表・裏を貼り合わせる
ときの目印です

パンダ 表

裏

このメッセージが見えるまで開くときれいにコピーすることができます。

120%に拡大すると原寸になります

あてっこペープサート

あわぷく ぷくぷく

(→演じ方8〜11ページ)

うさぎ 表

裏

120%に拡大すると原寸になります

このメッセージが見えるまで開くときれいにコピーすることができます。

120%に拡大すると原寸になります

ぶた

表

裏

このメッセージが見えるまで開くときれいにコピーすることができます。

あてっこペープサート

あわぷく ぷくぷく

(→演じ方8〜11ページ)

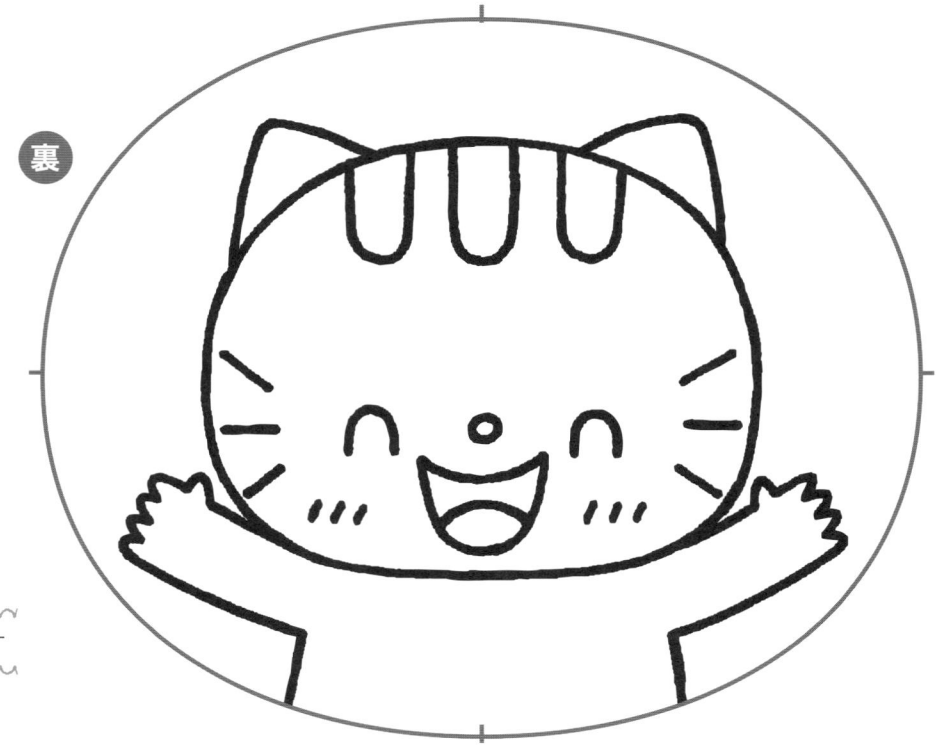

ねこ **表**

裏

120%に拡大すると原寸になります

このメッセージが見えるまで開くときれいにコピーすることができます。

120%に拡大すると原寸になります

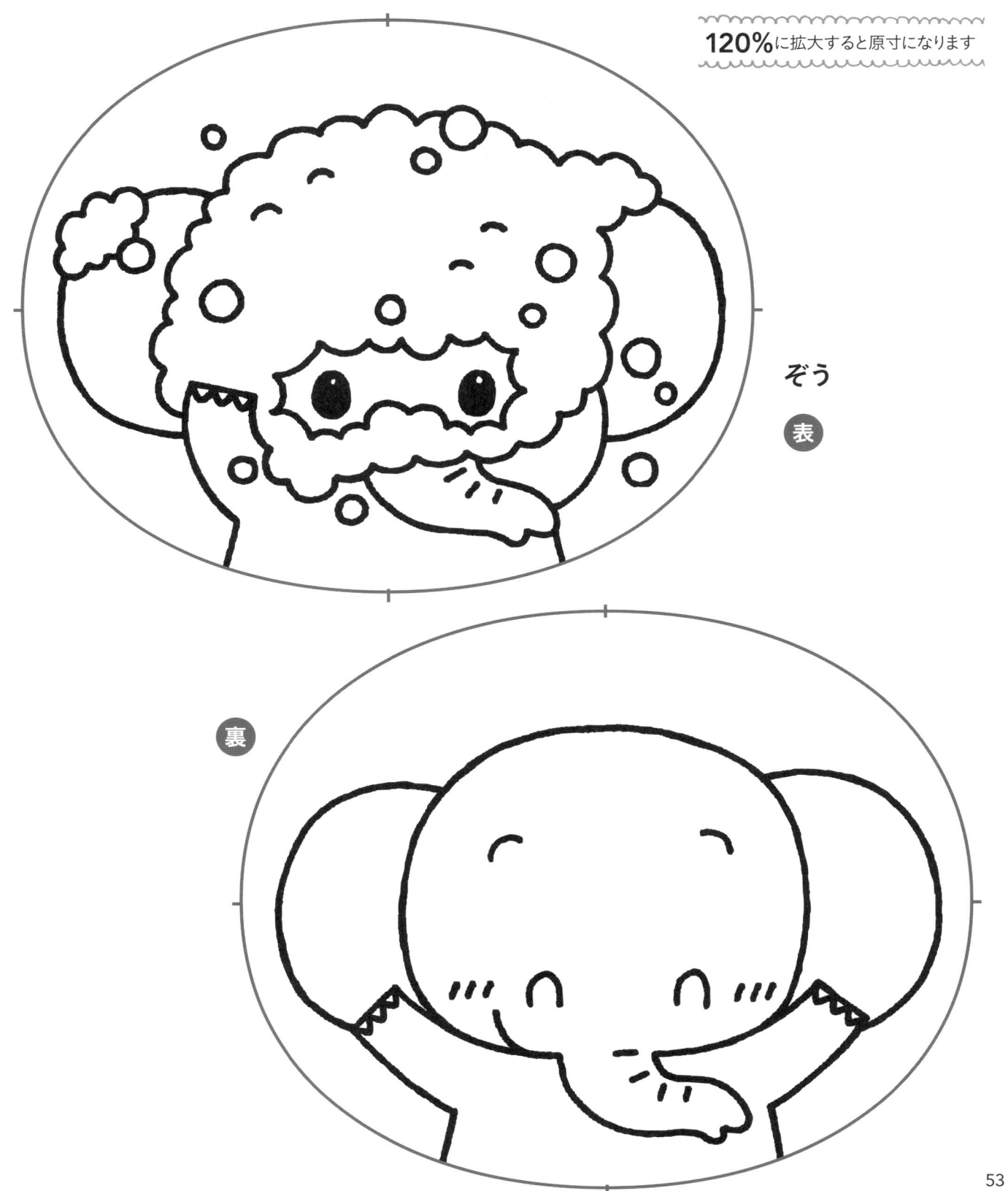

ぞう

表

裏

このメッセージが見えるまで開くときれいにコピーすることができます。

53

あてっこペープサート
おいしいもの だれでしょう？

(→演じ方 12〜15ページ)

りんご

表

裏

130%に拡大すると原寸になります

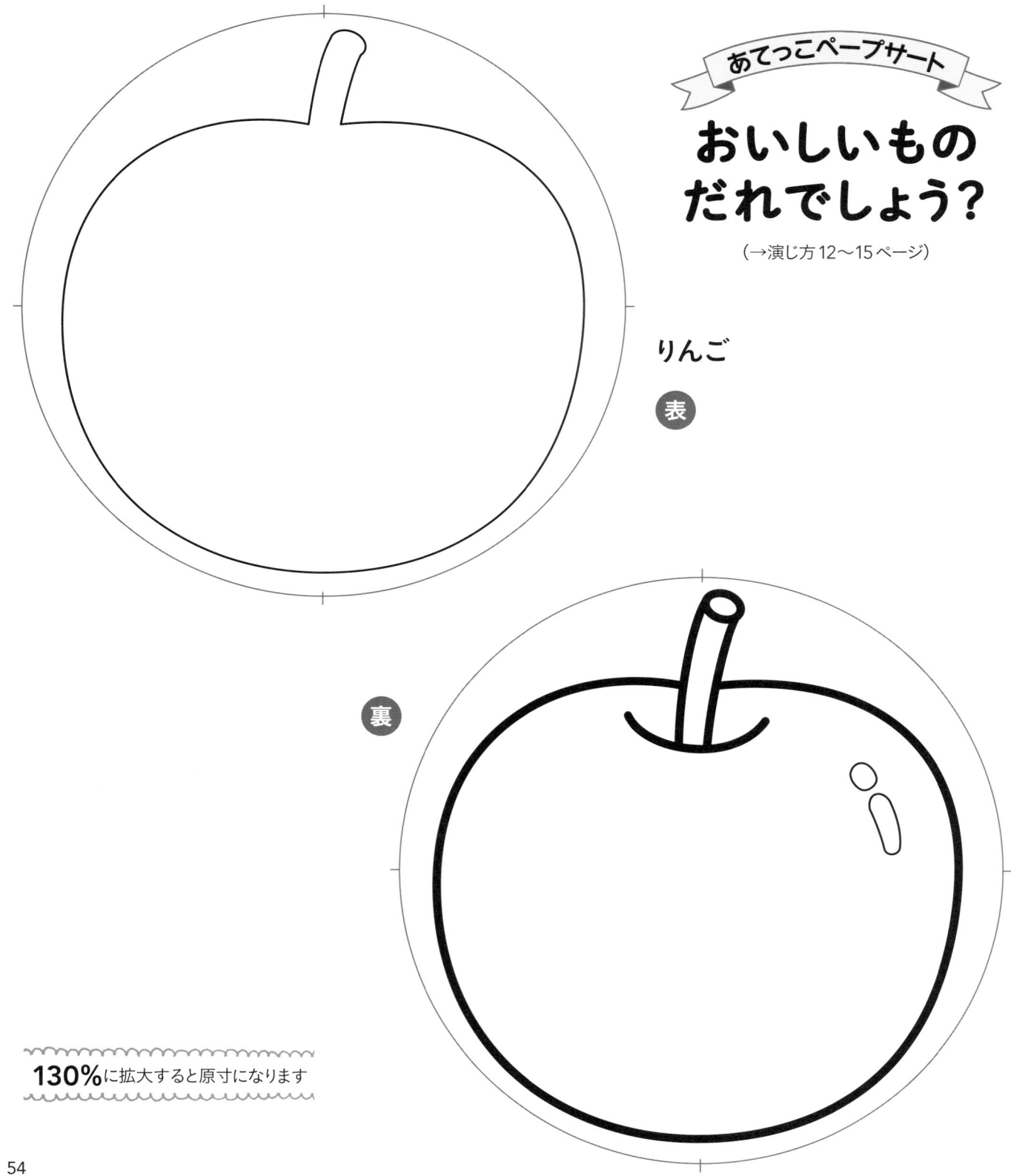

このメッセージが見えるまで開くときれいにコピーすることができます。

130%に拡大すると原寸になります

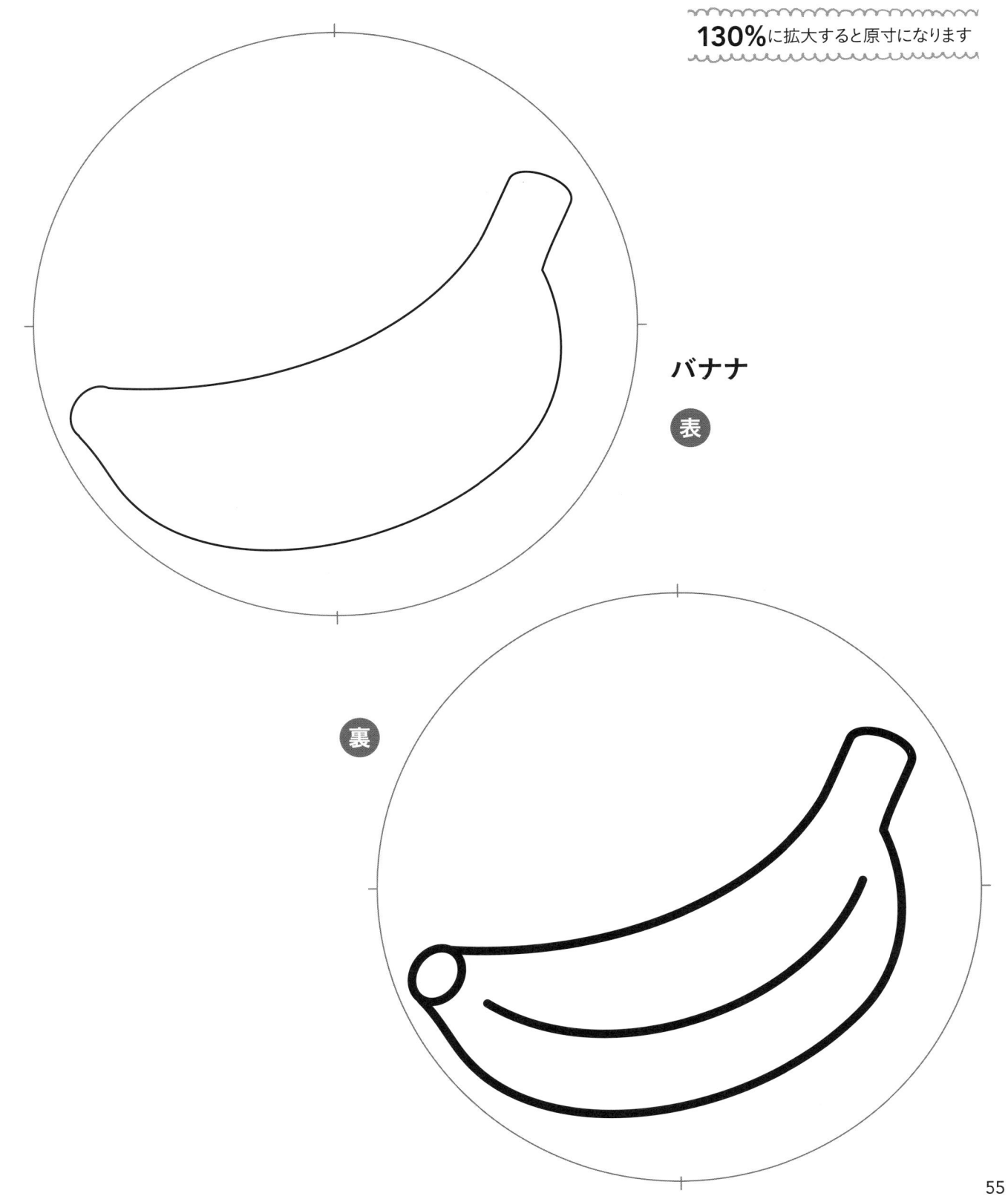

バナナ

表

裏

このメッセージが見えるまで開くときれいにコピーすることができます。

55

あてっこペープサート

おいしいもの だれでしょう？

（→演じ方 12〜15ページ）

ぶどう

表

裏

130%に拡大すると原寸になります

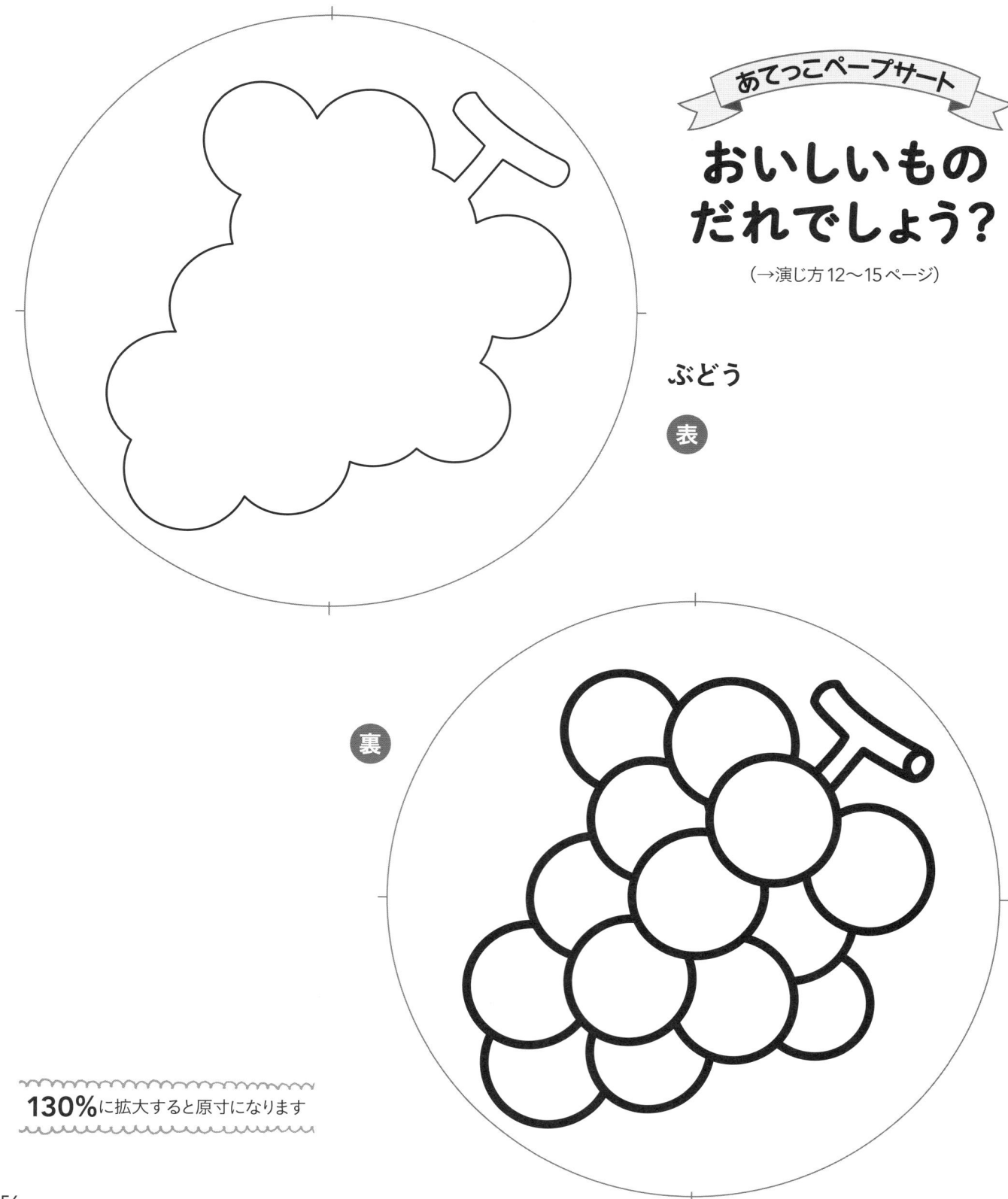

このメッセージが見えるまで開くときれいにコピーすることができます。

130%に拡大すると原寸になります

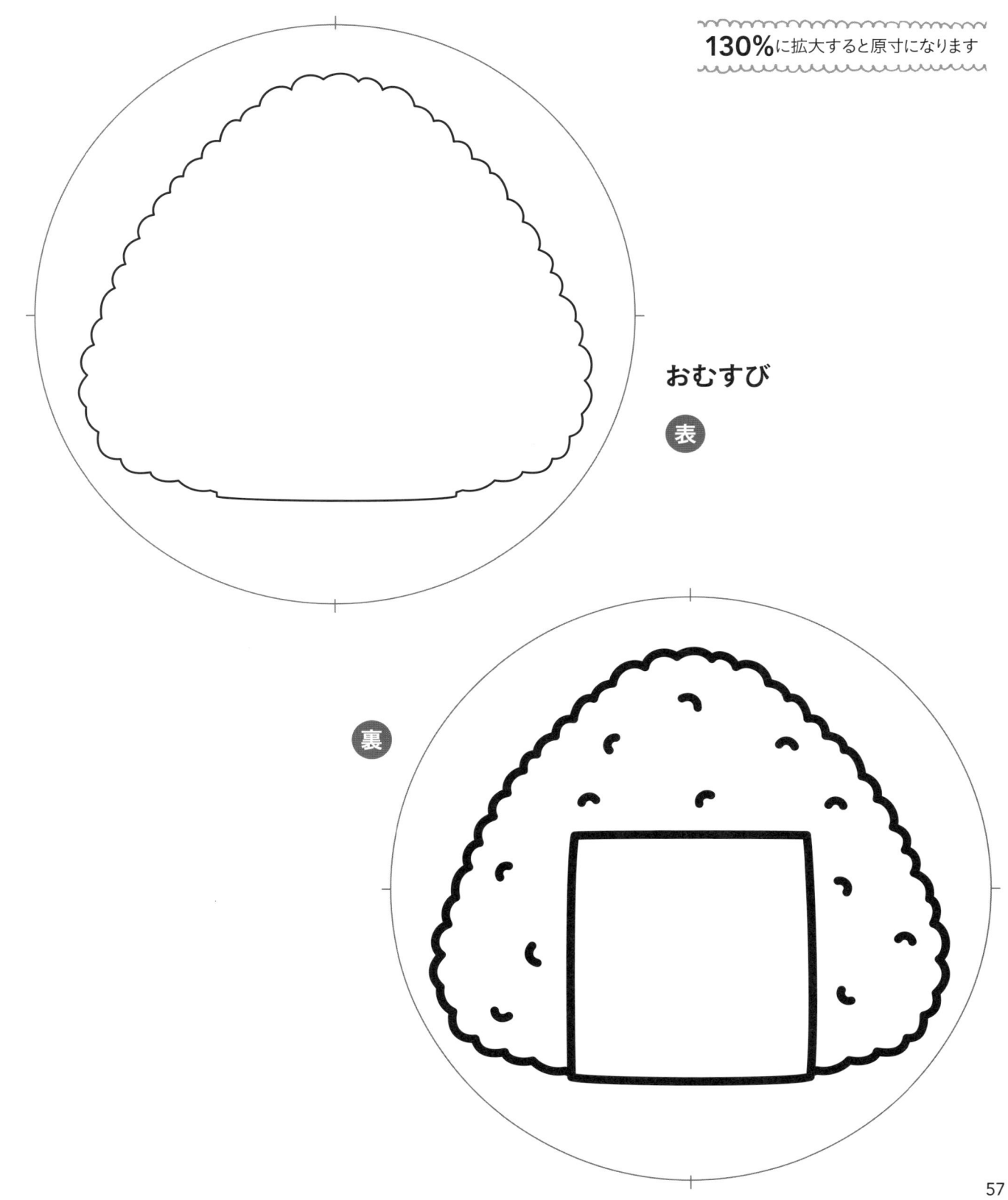

おむすび

表

裏

このメッセージが見えるまで開くときれいにコピーすることができます。

57

あてっこペープサート

おいしいもの だれでしょう？

（→演じ方 12〜15 ページ）

おだんご

表

裏

130%に拡大すると原寸になります

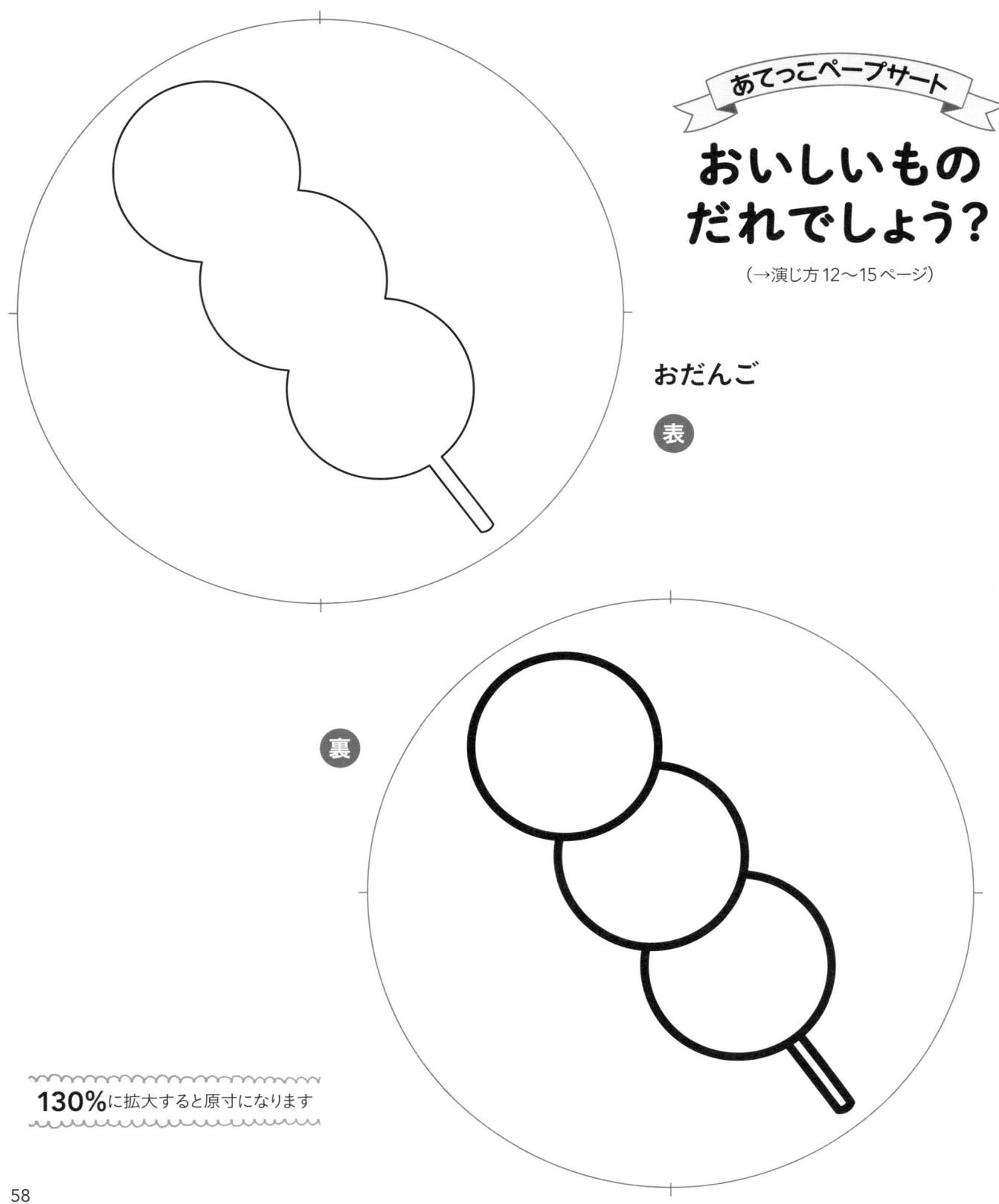

このメッセージが見えるまで開くときれいにコピーすることができます。

巻き込みペープサート # おはながわらった （→演じ方16〜19ページ、作り方47ページ）

表　　裏

200％に拡大すると原寸になります

このメッセージが見えるまで開くときれいにコピーすることができます。

くるくるペープサート

かき氷やさん、ください な！

（→演じ方20〜23ページ）

かき氷

表

裏

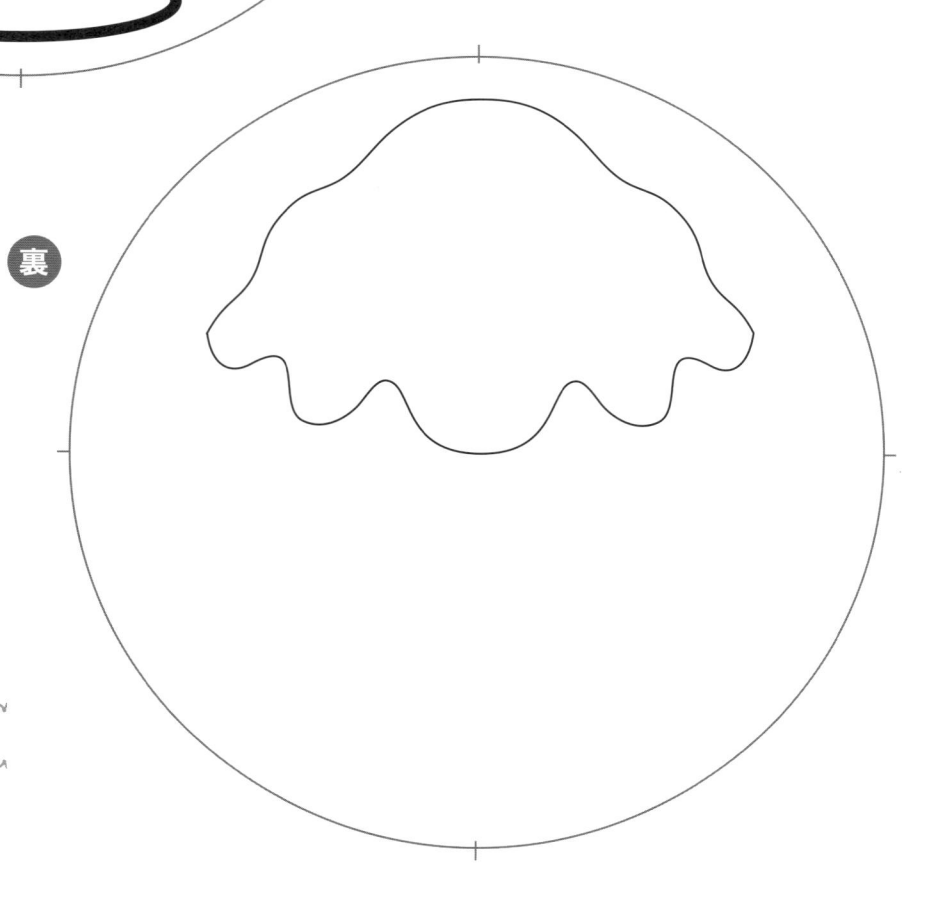

130%に拡大すると原寸になります

このメッセージが見えるまで開くときれいにコピーすることができます。

うちわペープサート

どこですか

(→演じ方24〜27ページ)

うさぎ

表

裏

このメッセージが見えるまで開くときれいにコピーすることができます。

200%に拡大すると、ほぼ左右23cmのうちわに貼るサイズになります

うちわペープサート
どこですか
(→演じ方24〜27ページ)

くま

表

裏

200%に拡大すると、ほぼ左右23cmのうちわに貼るサイズになります

このメッセージが見えるまで開くときれいにコピーすることができます。

200%に拡大すると、ほぼ左右23cmの
うちわに貼るサイズになります

ねこ

表

裏

このメッセージが見えるまで開くときれいにコピーすることができます。

うちわペープサート

どこですか

(→演じ方24〜27ページ)

ぶた

表

裏

200%に拡大すると、ほぼ左右23cmのうちわに貼るサイズになります

このメッセージが見えるまで開くときれいにコピーすることができます。

折り紙ペープサート
ぞうさん・あひるさんと おともだち

(→演じ方28〜31ページ)

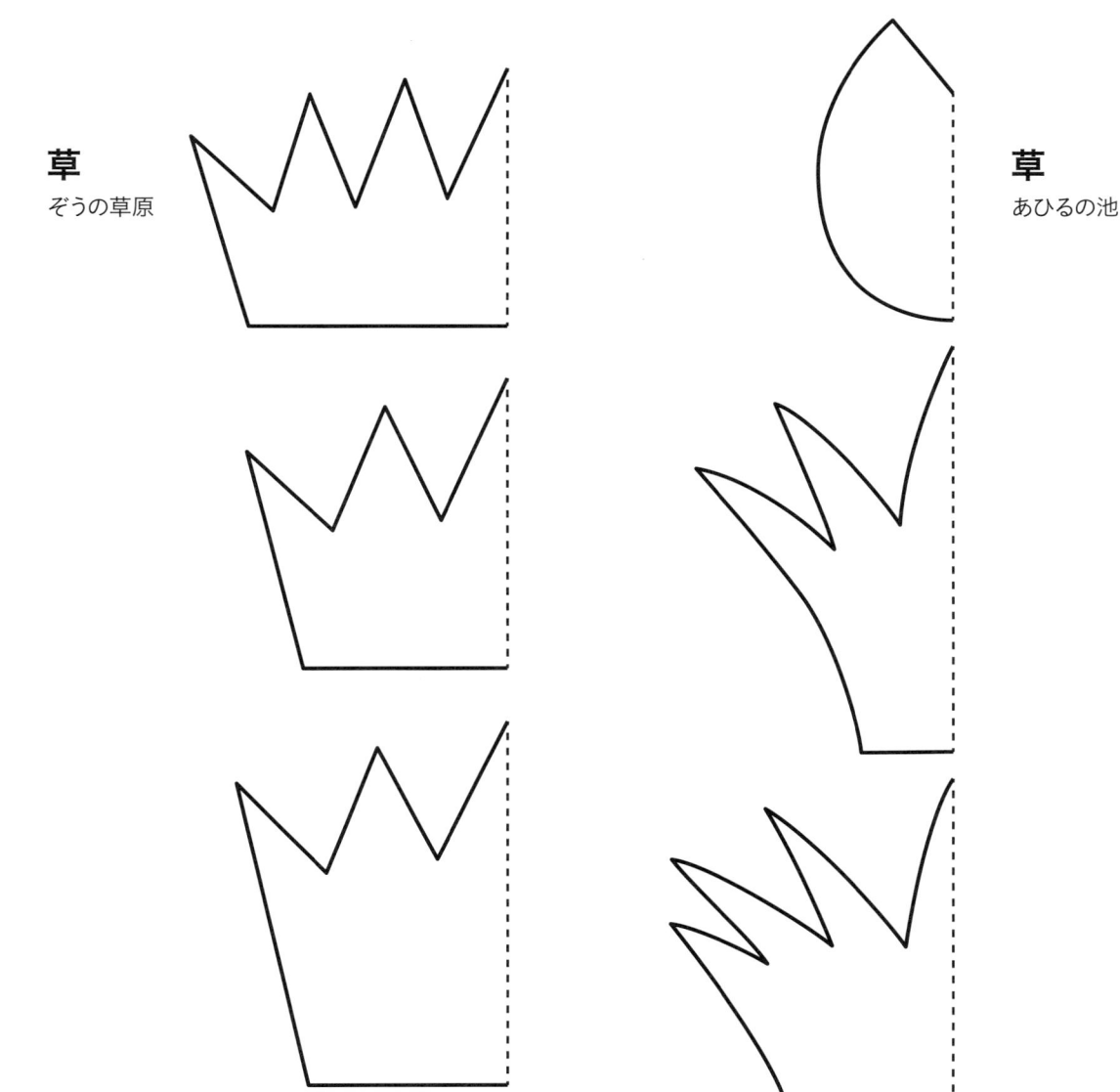

草
ぞうの草原

草
あひるの池

このメッセージが見えるまで開くときれいにコピーすることができます。

原寸で使います。色画用紙などを半分に折り、形を合わせて切ります

パレードペープサート

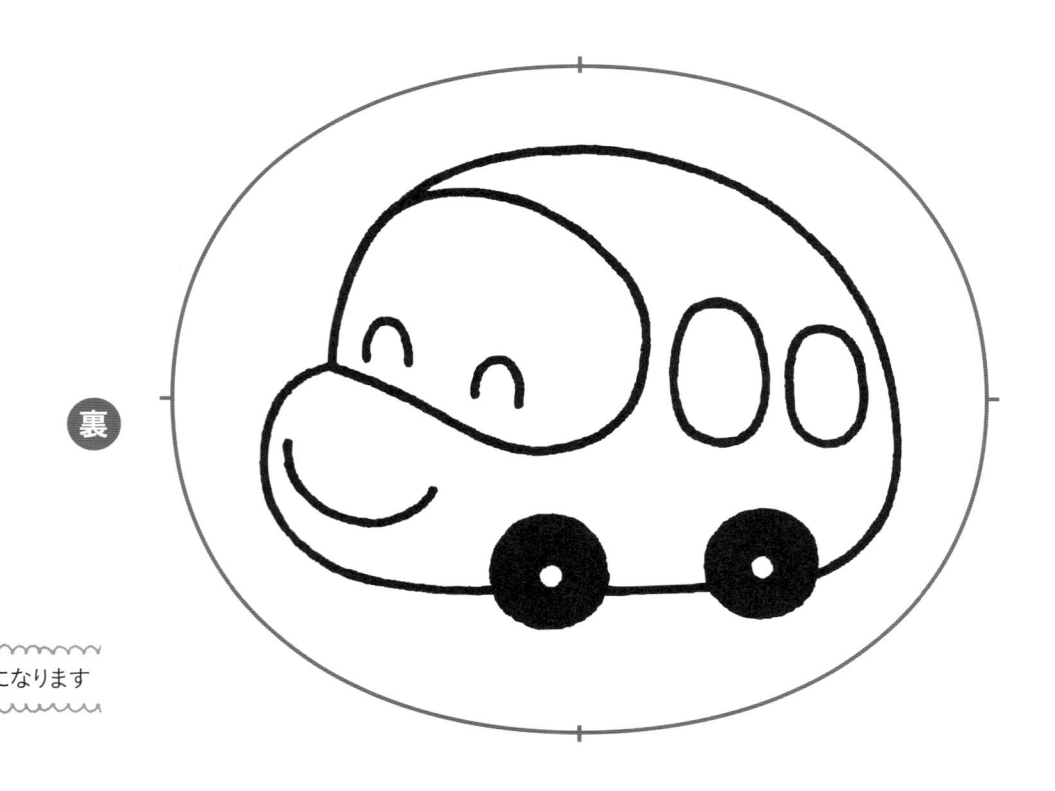

だいすき！
のりもの
パレード

（→演じ方32〜35ページ）

車 表

裏

このメッセージが見えるまで開くときれいにコピーすることができます。

130%に拡大すると原寸になります

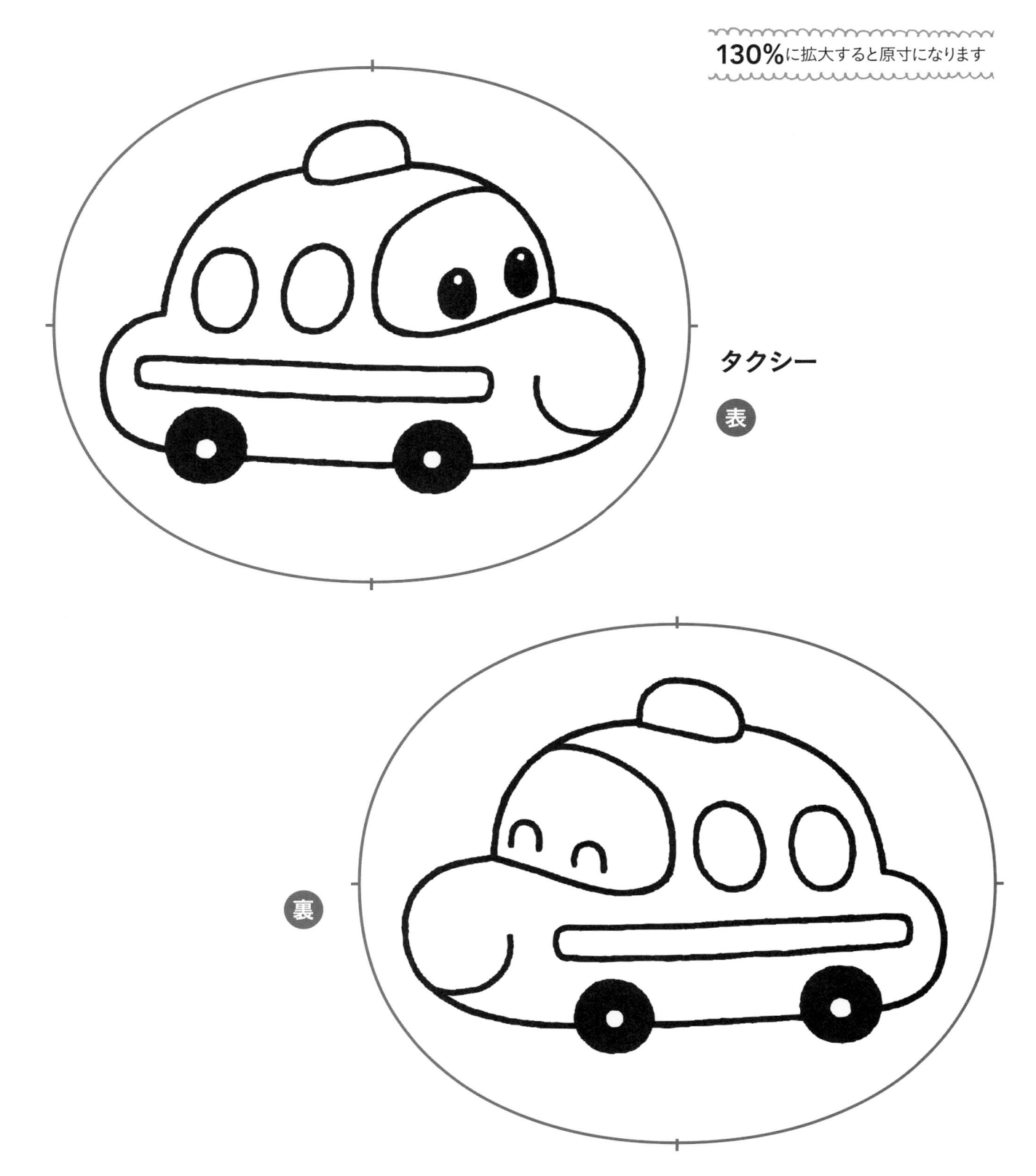

130%に拡大すると原寸になります

タクシー

表

裏

このメッセージが見えるまで開くときれいにコピーすることができます。

67

パレードペープサート

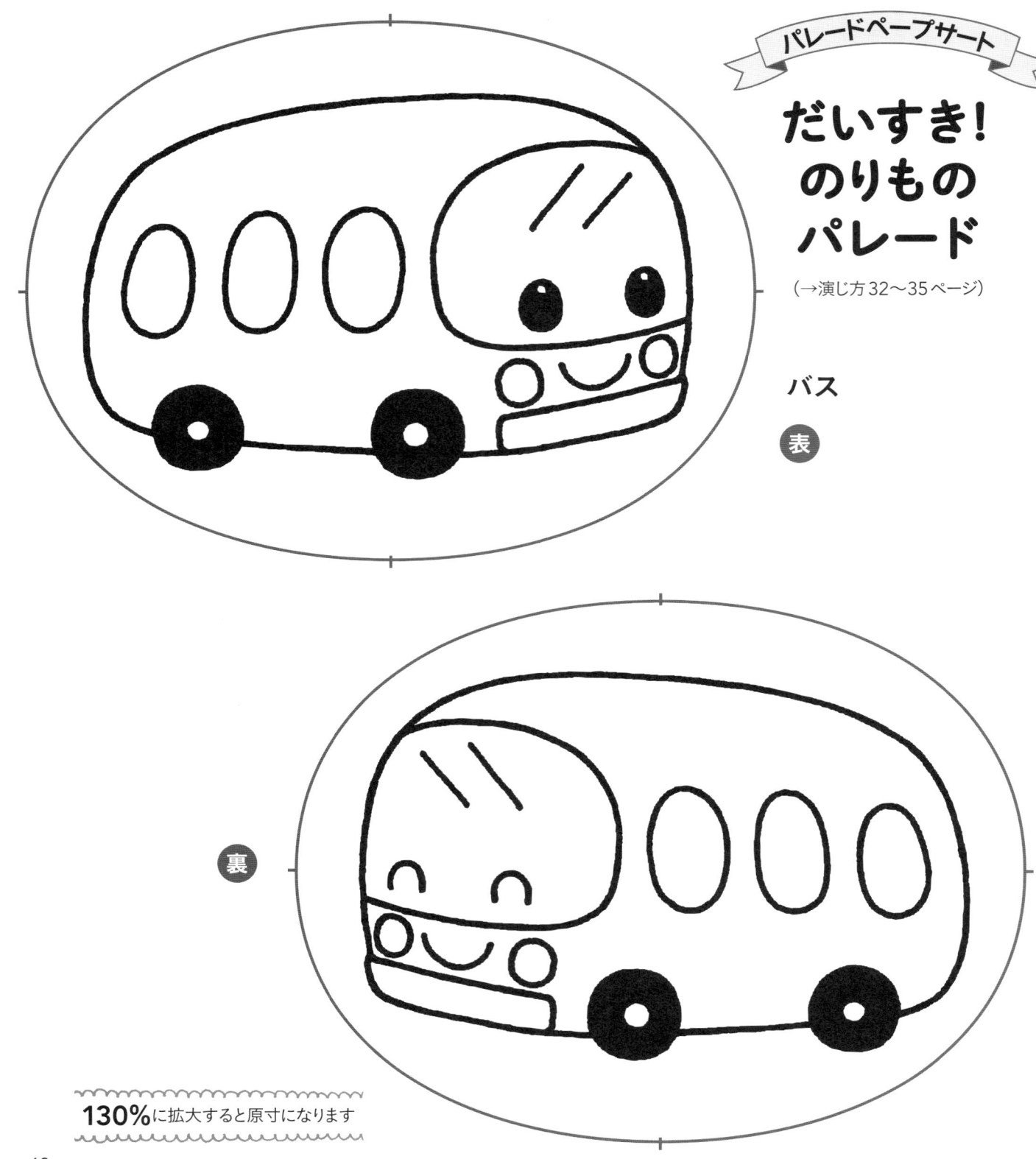

だいすき！
のりもの
パレード

（→演じ方32〜35ページ）

バス

表

裏

130%に拡大すると原寸になります

このメッセージが見えるまで開くときれいにコピーすることができます。

130%に拡大すると原寸になります

トラック

表

裏

このメッセージが見えるまで開くときれいにコピーすることができます。

69

パレードペープサート

だいすき！のりものパレード

（→演じ方32〜35ページ）

飛行機

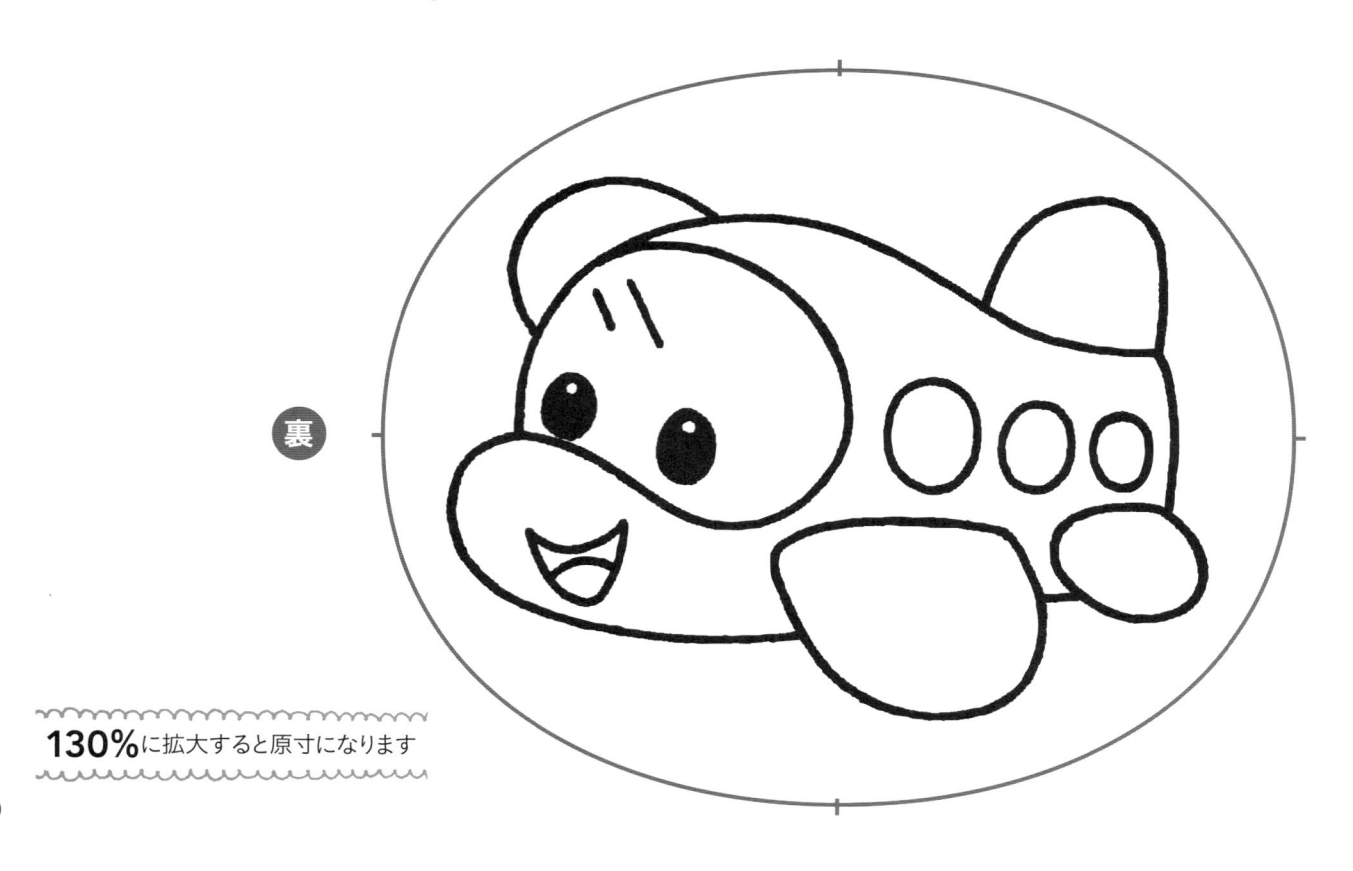

表

裏

130% に拡大すると原寸になります

このメッセージが見えるまで開くときれいにコピーすることができます。

130%に拡大すると原寸になります

船
表

裏

このメッセージが見えるまで開くときれいにコピーすることができます。

71

おめでとうペープサート

チューリップさんとおめでとう！

（→演じ方36〜39ページ）

チューリップ：赤

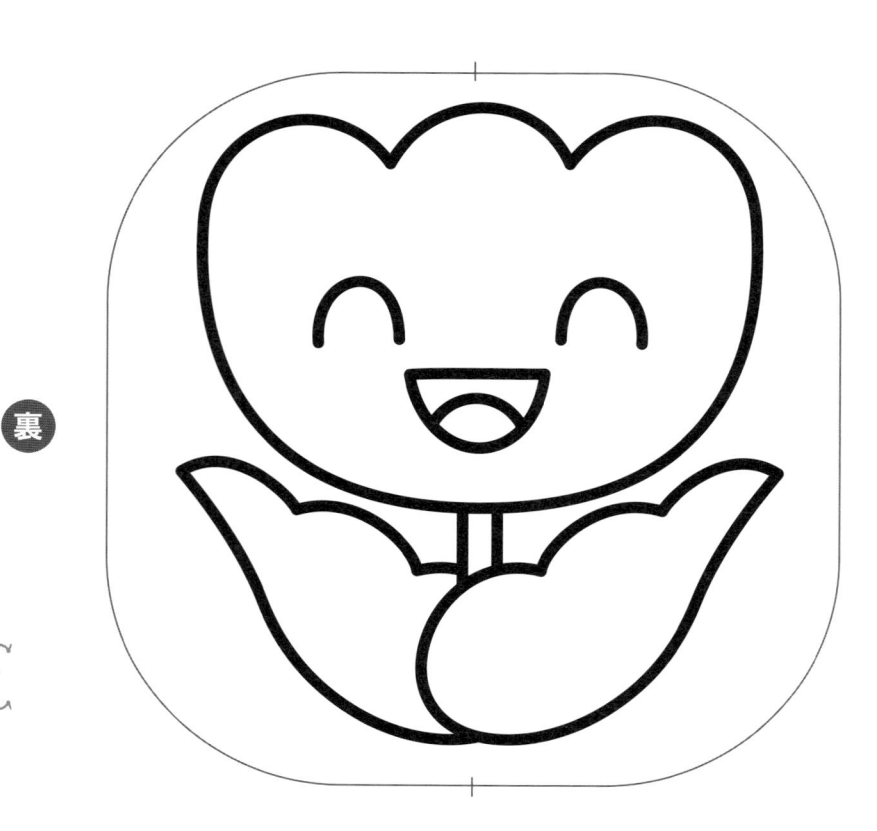

表

裏

130%に拡大すると原寸になります

このメッセージが見えるまで開くときれいにコピーすることができます。

130%に拡大すると原寸になります

チューリップ：白

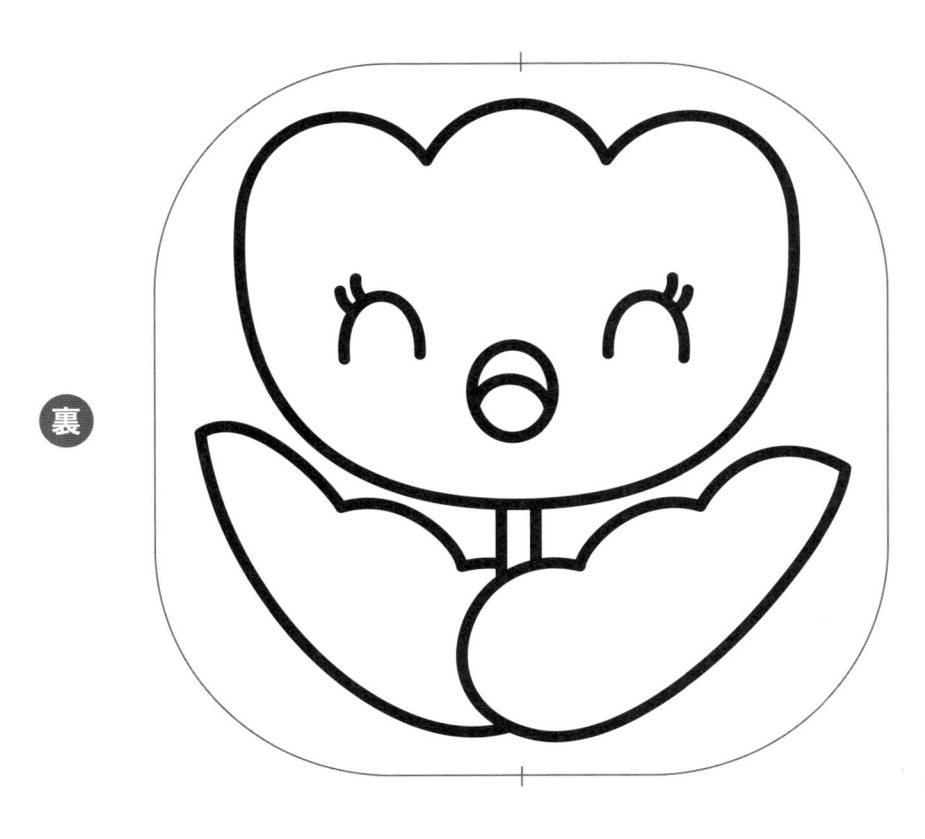

表

裏

このメッセージが見えるまで開くときれいにコピーすることができます。

73

おめでとうペープサート

チューリップさんと おめでとう！

（→演じ方36〜39ページ）

チューリップ：黄色

表

裏

〰️ 130%に拡大すると原寸になります

このメッセージが見えるまで開くときれいにコピーすることができます。

130%に拡大すると原寸になります

舞台用：文字

ぷんとももんじゃらぷんじゃら

このメッセージが見えるまで開くときれいにコピーすることができます。

おめでとうペープサート

チューリップさんとおめでとう！

(→演じ方36〜39ページ)

舞台用：花

原寸で使用します

このメッセージが見えるまで開くときれいにコピーすることができます。

舞台完成図　段ボールに色画用紙を貼った舞台に、色を塗った文字と花を貼ります

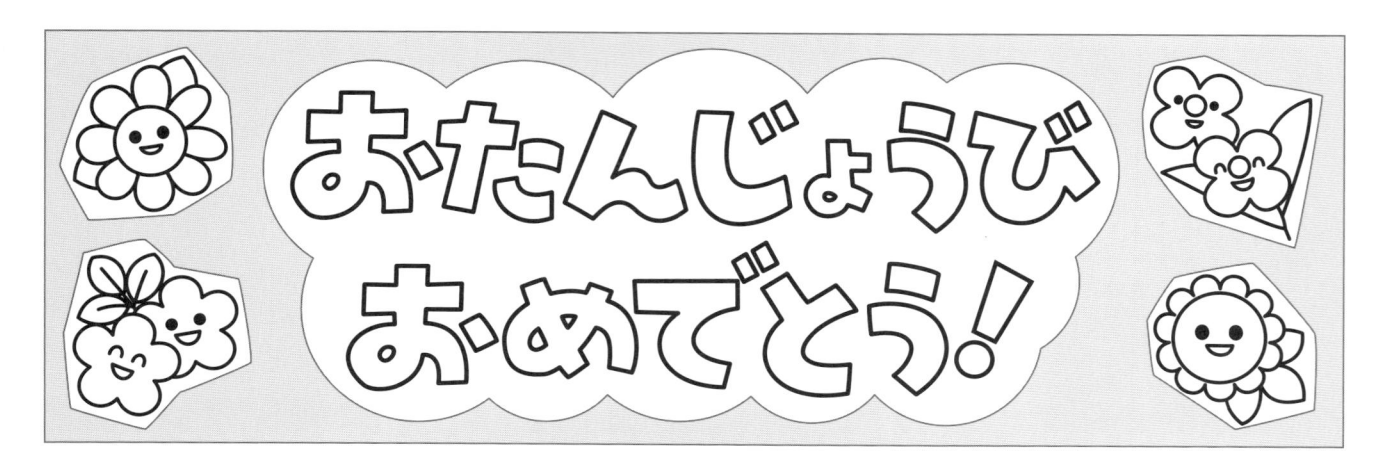

おたんじょうび
おめでとう！

おはなしペープサート

3びきのこぶた （→演じ方40〜45ページ）

150％に拡大すると原寸になります

おおきいちゃん　　　　　　　　　ちゅうくらいちゃん

表　　　　　　　　　　　　　　　表

裏　　　　　　　　　　　　　　　裏

このメッセージが見えるまで開くときれいにコピーすることができます。

おはなしペープサート

3びきのこぶた
（→演じ方40〜45ページ）

ちっちゃいちゃん

表

裏

おおかみ

表

裏

このメッセージが見えるまで開くときれいにコピーすることができます。

150%に拡大すると原寸になります

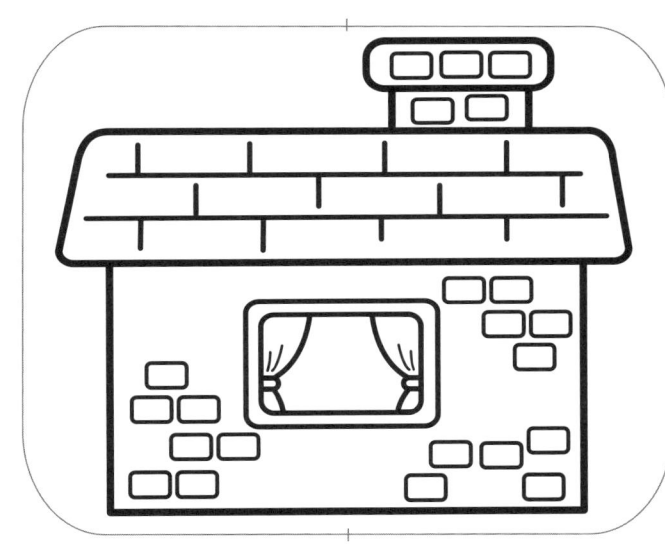

わらの家

木の家

200%に拡大すると原寸になります

レンガの家

煙突

暖炉

このメッセージが見えるまで開くときれいにコピーすることができます。

79

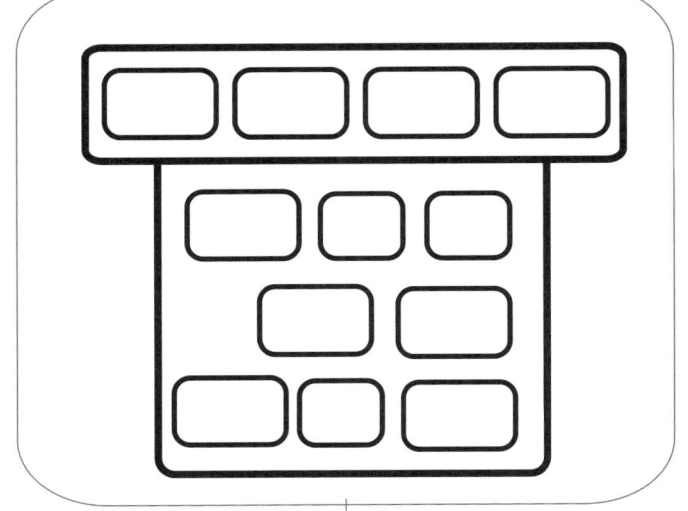

阿部 恵（あべ　めぐむ）

道灌山学園保育福祉専門学校保育部長
道灌山幼稚園主事

保育の現場と保育者の育成に長年携わる。豊富な経験をいかした制作活動にも精力的で、ペープサート・パネルシアター・童話・絵本・紙芝居などの、明るく楽しい作品作りと実演には定評がある。『ラクラクかんたん　パネルシアター』『ラクラクかんたん　パネルシアター2』『パネルシアター　どうぞのいす』『ラクラクかんたん　ペープサート』『ラクラクかんたん　ペープサート2』(以上、チャイルド本社)ほか、著書多数。

本書の型紙を含むページをコピーして頒布・販売すること、及びインターネット上で公開することは、著作権者及び出版社の権利の侵害となりますので、固くお断りします。また、本書を使用して製作したものを第三者に販売することはできません。

チャイルド本社ホームページアドレス
https://www.childbook.co.jp/
チャイルドブックや保育図書の情報が盛りだくさん。どうぞご利用ください。

表紙イラスト ◆ 市川彰子
表紙・本文デザイン ◆ 鈴木真弓（株式会社フレーズ）
絵人形イラスト ◆ うえはらかずよ／＊すまいるママ＊／冬野いちこ
本文イラスト ◆ 市川彰子／こじまさくら／鈴木博子
絵人形製作・作り方イラスト ◆ みつき
折り紙案 ◆ 新宮文明
撮影 ◆ 林 均
モデル ◆ 池田裕子（株式会社ヒラタオフィス）
　　　　原田舞美・宮崎紗也絵（株式会社フラッシュアップ・ブロッサムエンターテイメント）
楽譜浄書 ◆ 株式会社クラフトーン
楽譜校正 ◆ 白日歩
本文校正 ◆ 有限会社くすのき舎
編集協力 ◆ NEKO HOUSE
編集 ◆ 石山哲郎／西岡育子

0・1・2歳児がよろこぶ
かわいいペープサート

2014年10月　初版第1刷発行
2023年 1月　　　第8刷発行

著　者　阿部　恵
発行人　大橋　潤
発行所　株式会社チャイルド本社
　　　　〒112-8512　東京都文京区小石川5-24-21
　　　　電話　03-3813-2141（営業）　03-3813-9445（編集）
　　　　振替　00100-4-38410
印刷・製本　図書印刷株式会社
日本音楽著作権協会（出）許諾第1407669-208号
©Megumu Abe 2014 Printed in Japan
ISBN 978-4-8054-0230-6
NDC376　24×21cm　80P

■乱丁・落丁本はお取り替えいたします。
■本書の無断転載、複写複製（コピー）は、著作権法上での例外を除き禁じられています。
■本書を代行業者等の第三者に依頼してスキャンやデジタル化することは、たとえ個人や家庭内の利用であっても、著作権法上、認められておりません。